Matthias A. Exl

Befreie dich selbst!

Matthias A. Exl

Befreie dich selbst!
Über die Kunst, wahrhaftig zu leben

Diskutieren Sie mit dem Autor:
www.mankau-verlag.de

mankau

Bibliografische Information der Deutschen Nationalbibliothek
Die Deutsche Nationalbibliothek verzeichnet diese Publikation
in der Deutschen Nationalbibliografie; detaillierte bibliografische
Daten sind im Internet über http://dnb.d-nb.de abrufbar.

Matthias A. Exl
Befreie dich selbst!
Über die Kunst, wahrhaftig zu leben

ISBN 978-3-938396-19-3
1. Auflage 2008

Mankau Verlag
Postfach 13 22, D-82413 Murnau a. Staffelsee
Im Netz: www.mankau-verlag.de
Diskussionsforum: www.mankau-verlag.de/forum.php

Lektorat:
Dr. Thomas Wolf, MetaLexis

Endkorrektorat:
Nicole Duplois, MetaLexis

Gestaltung des Umschlags:
Johannes Wiebel, HildenDesign, München

Gestaltung des Innenteils:
Heike Brückner, Grafikstudio, Regensburg

*Der Inhalt wurde auf 100% Recyclingpapier gedruckt;
der Druck des Buches erfolgte in Deutschland.*

Inhaltsverzeichnis

Danksagung 9
Lächeln 11
Einleitung 13

Bin ich ein Sklave unserer Zeit? 17

    Was macht mich zum Sklaven? 18
    Das Leben – eine Strafkolonie? 21

Die Lügen und der Schein 25

    Die Wahrheit 27
    Meine erste persönliche Begegnung mit Gott 30
    Krankheit des Menschen 37
    Die Zukunft der Heilung 45
    Krankheit des Systems 51

Was Gott ist und will 55

Was ist Karma? 61

Das Leben nach dem Tod 63

Das Spiegelgesetz 69

Zerstörung unseres Lebensraumes 79

Das Gesetz der Fülle 83

Die Transformation – der Weg zur Befreiung 91

    Der Baum der Erkenntnis 93
    Gottes größtes Geschenk bei Auflösung des Egos ... 94
    Die 12 Zwillingseigenschaften 100

        Wie funktionieren die Zwillingseigenschaften? 101
        Thema „Schweigen" –
        zwischen „Verschweigen" und „Reden" 103
        Thema „Reden" –
        zwischen „Schweigen" und „Schwatzen" 104

Thema „Unbeeinflussbarkeit" –
zwischen „Empfänglichkeit" und „Starrsinn" 106
Thema „Empfänglichkeit" –
zwischen „Beeinflussbarkeit" und „Unbeeinflussbarkeit" 108
Thema „Gehorchen" –
zwischen „Unterwürfigkeit" und „Herrschen" 111
Thema „Herrschen" –
zwischen „Gehorchen" und „Tyrannei" 113
Thema „Demut" –
zwischen „Sich demütigen" und „Selbstvertrauen" 116
Thema „Selbstvertrauen" –
zwischen „Demut" und „Überheblichkeit" 119
Thema „Besonnenheit" –
zwischen „Trägheit" und „Schnelligkeit" 122
Thema „Schnelligkeit" –
zwischen „Besonnenheit" und „Übereifer" 124
Thema „Alles annehmen" – zwischen
„Teilnahmslosigkeit" und „Unterscheiden können" 126
Thema „Unterscheiden können" –
zwischen „Alles annehmen" und „Verurteilen" 129
Thema „Friedenswille" – zwischen
„Sich nicht stellen wollen" und „Kampfbereitschaft" 131
Thema „Kampfbereitschaft" –
zwischen „Friedenswillen" und „Zanksucht" 133
Thema „Vorsicht" –
zwischen „Feigheit" und „Mut" 135
Thema „Mut" –
zwischen „Vorsicht" und „Waghalsigkeit" 137
Thema „Nichts besitzen" – zwischen
„Verachtung der Materie" und „Über alles verfügen" 138
Thema „Über alles verfügen" –
zwischen „Nichts besitzen" und „Besitzgier" 141
Thema „An nichts gebunden sein" –
zwischen „Lieblosigkeit" und „Treue" 142
Thema „Treue" –
zwischen „An nichts gebunden sein" und „Fanatismus" 145
Thema „Unbemerkt bleiben" –
zwischen „Selbstunterschätzung" und „Sich zeigen" 147
Thema „Sich zeigen" –
zwischen „Selbstdarstellung" und „Unbemerkt bleiben" 149

Thema „Todesverachtung" –
zwischen „Lebensverachtung" und „Lebensschätzung" 151
Thema „Lebensschätzung" –
zwischen „Todesverachtung" und „Maßlosigkeit" 153

Ihre persönliche Verwandlung 155

   Die Arbeit mit den erkannten Eigenschaften 156
   Das persönliche Gebet 156
   Die zusätzliche Auflösung mit Hilfe
   des Spiegelgesetzes 157
   Kritisches Hinterfragen des Egos und Ihre Zukunft 161
   Sieben Stufen der Verwandlung 161

Gottes Hilfe für konkrete Situationen 165

   Gott und die Wahrheit 165
   Gott und die Gerechtigkeit 169
   Gott und die Sicherheit 175
   Gott und die Stille 178
   Gott und das Gespräch 181
   Gott und die Güte 184
   Gott und die Vergebung 186
   Gott und die Beziehung 189

      Liebe oder Extrembeziehung 191
      Beziehungen und falsche Glaubenssätze 192
      Veränderung der Partnerschaft durch Visualisierung 193
      Beziehungen und Karma 195
      Beziehungen und der Aufbau von Bändern 196
      Der Unterschied zwischen Mann und Frau
      auf energetischer Ebene 199
      Richtlinien für eine gute Partnerschaft 202

   Gott und die Gewaltlosigkeit 203
   Gott und die Liebe 204

Was haben wir erfahren? 207

Das Experiment 209

Literaturempfehlungen 213
Kontakt 215

Danksagung

Heute erst verstehe ich, dass meine schönen, aber auch meine schmerzhaften Beziehungen in der Vergangenheit dazu gedient haben, mich charakterlich zu bilden. Die besten Lehrer waren genau jene Menschen, welche starke Gefühle jeglicher Art in mir ausgelöst haben. Während ich dies lange Zeit nur verstandesmäßig begriffen habe, kann ich erst heute wahre Dankbarkeit dafür empfinden. Von Herzen bitte ich all jene um Vergebung, die ich auf diesem Weg des Lernens und der Transformation verletzt habe.

Gott beschenkte mich und ließ mich meine geliebte Ehefrau Sabine treffen: Ich danke ihr – für ihre Ruhe, Weisheit, Liebe und die Jahre voller Freude. Meinen Eltern Traute und Peter danke ich demütig für die bedingungslose Liebe, welche ich durch sie erfahren durfte. Ich danke Elisabeth Haich für ihre spirituelle Führung jenseits von Raum und Zeit. Ich verneige mich vor meinen Lehrern der verschiedenen Heilmethoden, mein Dank und meine Hochachtung seien ihnen gewiss. Für seine liebevolle Führung und die Segnung dieses Buches danke ich Sathya Sai Baba. Ich danke meinem Verleger Raphael Mankau für unsere besondere Begegnung und sein Vertrauen. Voller Hingabe, Liebe und Dankbarkeit widme ich mein erstes Werk Gott, durch den ich und mit dem ich eins bin.

Lächeln

Am Flughafen wartet ein Geschäftsmann nach einem harten Arbeitstag auf seinen Verbindungsflug. Gerade hat er in der Business Lounge seinen Beruhigungs-Scotch getrunken, sein Blick geht, vorbei an vielen anderen Wartenden, ins Leere. London Jubilee Line. Wieder einmal überfüllt. Menschen fahren gestresst nach Hause, starren auf die Werbung für teure Kleidung und billige Versicherungen über ihren Köpfen. In der Mitte sitzt du. Einmal hier in Frankfurt, dann wieder in der Londoner U-Bahn. Du spürst, dass irgendetwas nicht in Ordnung ist. Während deine Augen die menschlichen Hüllen um dich herum betrachten, fragst du dich: Wieso müssen wir in hektischen Berufen arbeiten, um Dinge kaufen zu können, die wir eigentlich nicht brauchen? Sind wir noch am Leben – oder sind wir Sklaven unserer Zeit? Jedes Stück, das wir glauben besitzen zu müssen, lässt uns spirituell erkalten. Wer besitzt wen, wir die Dinge oder diese uns? Dann und wann siehst du eine Person in der Menge, die dir in die Augen sieht und dann ... lächelt. Und plötzlich bist du nicht mehr allein.

Diese Zeilen sind für Menschen wie *dich* geschrieben. Du, der du aus diesem Traum erwachst, der die reale Welt zu sein scheint.

Einleitung

Das Buch, welches Sie, lieber Leser, heute in Händen halten, ist einen weiten Weg gegangen. Es ist getragen von der Erfahrung, die ich selbst in meinem Leben gemacht habe. Durch diese Erfahrung und den eigenen persönlichen Tiefpunkt wurde ich in die Lage versetzt, etwas ganz drastisch zu korrigieren – nämlich mein Lebensziel und meine Lebensführung, die zum damaligen Zeitpunkt perfekt schienen, mich jedoch krank und unglücklich machten. Doch langsam, der Reihe nach.

Aufgewachsen bei liebevollen Eltern im konservativen Österreich, angetrieben durch sehr persönliche Motive, fühlte ich mich verpflichtet, eine glanzvolle Karriere hinzulegen. Jedoch wollte ich nicht in einer kleinen Vorstadt irgendein Geschäft leiten, nein, ich wollte hoch hinaus. Ich wollte auf dem internationalen Markt die Welt erobern, was mir in gewissem Maße auch gelang. Aber eben nur in einem gewissen Maße, denn eigentlich hatte die Welt mich erobert! Auf dem Höhepunkt meiner Karriere arbeitete ich als Vizepräsident eines Dienstleistungsunternehmens, an dessen globalem Aufbau ich maßgeblich beteiligt gewesen war. 500 Angestellte, die größten Venture-Kapitalisten als Finanziers, entlohnt mit hohem Gehalt – ja, dies war mein Leben. Damals hätte ich gesagt, es handele sich um ein Leben in Fülle, erfüllt von teuren Restaurants, Autos und vielem mehr, das es da zu konsumieren gab. In Wahrheit jedoch hatte ich mich verändert, nicht zum Positiven. Ich kann nicht mehr sagen, was damals größer war: meine Eitelkeit, mein Hochmut oder doch meine Arroganz? Irgendwann begriff ich, dass ich in Wirklichkeit nichts gewonnen, sondern mich selbst verloren hatte. In einer Scheinwelt, aufgebaut auf vielen kleinen Lügen, die die Realität zu sein schienen. Gefangen war ich in meiner ganz persönlichen „Matrix", aus der es kein Entrinnen gab. Irgendwann erreichte ich schließlich den absoluten Tiefpunkt in meinem Leben, ein Niedergang, der interessanterweise parallel zum beruflichen Aufstieg verlief: Ich musste mir eingestehen, krank zu sein. Nicht nur körperlich. Die täglichen Magen- und Kopfschmerz-Tabletten, die vielen Tassen Kaffee, kombiniert mit dem Alkohol am Abend, waren ja schon „normal" geworden – nein, auch emotional, seelisch und spirituell war ich krank. Sie sehen schon, dass ich unterscheide zwischen mehreren Ebenen der Krankheit, resultierend aus der Erfahrung, die mich das Leben auf seine ganz eigene Art und Weise gelehrt hat. Die emotionale Krankheit bestand darin, dass ich mein Herz den Mitmenschen, aber vor allem den Menschen, die ich zu lieben glaubte, verschlossen hatte. Gleichzeitig funktionierte ich eifrig, um Steuern zu zahlen, zu konsumieren, zu präsentieren, vorzusorgen, abzusichern und einsam zu sein. Die seelische Krankheit, von der ich lange Zeit nicht einmal wusste, zeigte sich erst viel später, als sich das Leugnen meiner Seele mehr und mehr in starken Emotionen, Krankheit und Schlafstörungen manifestierte. Zwar hielt ich mich für einen spirituellen Menschen, doch in Wirklichkeit war ich nicht mehr als ein FFE, ein Fast-Food-Esoteriker. Von tiefer Trauer erfüllt, begann ich alles zu hinterfragen und dann auch mit allem zu brechen – mit meinem Beruf, meiner damaligen Beziehung, meinen Freundschaften und vielem mehr. Was ich damals nicht wusste: Mein gesamtes gelebtes Außen, welches ich gerade aus meinem Leben verbannte, war nur eine Spiegelung meines Inneren. Sich von Dingen zu lösen, ohne sich innerlich zu wandeln, konnte nicht funktionieren. Denn ohne den inneren Wandel würde man im Kahlschlag bei Freundschaften, Beziehungen und Beruf nur die Einen gegen Andere austauschen. Durch Leid durfte ich auch dieses lernen und begann langsam zu erwachen. Ich begann ein neues Leben und ließ dabei alles zurück. Dieser Weg war schwierig; ich wurde mit den Ängsten konfrontiert, welche durch Veränderungen entstehen.

Heute bin ich an einem Punkt angekommen, bei dem ich mich selbst, aber vor allem *Gott* gefunden habe, auf einem Weg, der mich Demut lehrte. Dies ist nicht unbedingt *im christlichen Sinn* gemeint, nein, vielmehr als *befreiende* Demut vor der wunderbaren Schöpfung, der Spielwiese, die Gott für uns geschaffen hat, damit wir uns darin verwirklichen. Sollten Sie, liebe Leserin, lieber Leser, sich unter Umständen an dem Wort „Gott" stoßen, ersetzen Sie es bitte mit einem Ihrem Glaubenssystem entsprechenden Wort. Sie werden das Wort „Gott" sehr oft in diesem Buch finden. Gott, so wie ich ihn verstehe, ist weder personifiziert noch außerhalb von mir. Gott ist alles, alles ist Gott. In diesem Sinne ist auch das Wort „Gott" nicht im klassischen kirchlichen Sinne gemeint, sondern als ein Symbol für das, was Sie unter Gott verstehen. Sei es Allah, Krishna, die Schöpfung, Energie, Licht, Liebe usw. Ersetzen Sie das Wort in diesem Buch durch das Wort, mit welchem Sie sich wohl fühlen.

Dieses Buch ist deswegen kein reiner Erfahrungsbericht, da ich meine Erfahrung zwar einfließen lassen durfte, mir jedoch sehr viele Bereiche von Gott, so wie ich ihn verstehe, eingegeben, diktiert, geschenkt wurden. Ich habe später beim Lesen des Geschriebenen selbst sehr viel gelernt. Dieses Werk soll dazu dienen, Ihre ganz individuelle Kommunikation mit Gott zu finden, damit Sie selbst Ihr Gespräch führen und dadurch wertvolle Hilfe bei der Veränderung, bei der Transformation, bei Ihrer ganz persönlichen Befreiung erhalten. Dieses Buch wird Ihnen Wunderbares aufzeigen, es wird Sie näher zu sich selbst führen und Ihnen helfen aufzuwachen. Ich verspreche Ihnen schon jetzt, dass sie in ein „Wunderland" eintreten werden, dessen Existenz Sie sich vermutlich nicht einmal vorstellen können. Vor allem aber hoffe ich, dass Sie die allumfassende Liebe spüren werden, welche die Schöpfung genau für Sie empfindet, egal wohin Ihr Leben Sie bisher geführt hat. Denn glauben Sie mir: Gott liebt Sie bedingungslos, in einer so vielschichtigen Art, wie niemand sonst Sie lieben kann. Doch leider wissen wir heute nur selten mit dieser Liebe umzugehen; kaum jemand weiß sie zu empfangen. Der Mensch hat verlernt, sich selbst zu vergeben, sich selbst anzunehmen, ja, sich selbst zu lieben.

Vertrauen Sie mir. Versuchen Sie vorbehaltlos zu lesen und zu spüren. Konsumieren Sie dieses Buch nicht einfach nur, um in Gedanken an die Leistung am Abend sagen zu können, Sie hätten 20 Seiten gelesen. Fühlen Sie Seite für Seite, erlauben Sie sich, bei einer Seite innezuhalten. Dies ist wichtig, damit Sie den Prozess der Befreiung beginnen können. Denn, lieber

Leser, wenn Sie zu schnell sind und z. B. gewisse Dinge nicht für sich aufschreiben wollen, werden Sie an der Tür, die Ihnen Gott gerade jetzt zeigen will, vorbeilaufen. Sie werden sie schlichtweg übersehen – was nicht weiter schlimm sein wird, da Sie dies nicht einmal bemerken und nur in Ihr altes vertrautes Leben zurückkehren werden. Nehmen Sie sich daher die Zeit, die Ruhe, und legen dieses Werk auch einmal zur Seite. Erlauben Sie sich, nicht perfekt zu sein. Lesen Sie nur dann, wenn es Ihnen Freude bereitet, und erlauben Sie sich auch, ein Kapitel noch einmal zu erfahren. Geben Sie den Worten den Raum, sich in Ihnen zu entfalten, denn dann werden Sie nicht nur *wissen*, Sie werden es *erfahren* haben. Glauben Sie mir, dies ist ein sehr großer Unterschied!

Und nun, liebe Leserin, lieber Leser, versuchen wir es, fangen wir an, einige Dinge in Ihrem Leben zu hinterfragen. Willkommen auf unserer Reise!

„Wandlung ist notwendig wie die Erneuerung der Blätter im Frühling."
      Vincent van Gogh (1853 – 1890), niederländischer Maler

Bin ich ein Sklave unserer Zeit?

Unsere Gesellschaft fordert von uns unter vielen Dingen vor allem eines: Leistung. Schon im Kindesalter wird uns gelehrt, welche Faktoren für ein glückliches Leben wichtig sind. Prüfen Sie sich selbst: Von welchen der nachfolgenden Glaubenssätze sind Sie momentan überzeugt, welche würden Sie mit „Ja" beantworten?

1.) Nur wer etwas leistet, wird belohnt.
2.) Schaffe Vermögen, solange du kannst, damit du es in der Not hast.
3.) Mein Wert wird durch meinen Status bestimmt – Titel, Firmenhierarchien, Ruf, finanzielle Erfolge, Statussymbole (Haus, Autos, Kleidung, Freizeitaktivitäten etc.).
4.) Ich arbeite sehr viel, vor allem aber mache ich dies für meine Familie. Deswegen habe ich wenig Freizeit und brauche daher mehr Ruhe und – wenn möglich – Ausgleich für mich selbst.
5.) Mir ist wichtig, was andere Leute über mich denken.
6.) Wenn ich genug geschafft habe, dann werde ich mir meine Träume verwirklichen.
7.) Geld macht glücklich, oder: Es ist schon gut, wenn man welches hat, vieles geht dann einfacher.
8.) Ich habe keine Zeit, krank zu sein.
9.) Insgeheim weiß ich, dass ich mich absichern muss, auch vor meiner Familie. Niemand weiß, was morgen ist. Beziehungen werden sehr häufig getrennt.
10.) Ich glaube schon, dass ich an etwas glaube, sei es an Gott oder wie auch immer es benannt wird, jedoch beschäftige ich mich nicht wirklich damit.

Ein „Ja" zu mehreren dieser Glaubenssätze schafft schon die Grundbedingung, welche Sie in die Realitätsfalle tappen lässt – in genau die Falle, welche Sie dann irgendwann zum Sklaven macht. Die jahrelange Arbeit in unserer Heilerschule hat gezeigt, dass mindestens 95 % der Menschen, die in der westlichen Hemisphäre leben, sich als Sklaven fühlen und dadurch Unzufriedenheit spüren. Doch sie können nicht genau definieren, woher diese stammt.

Wenn Sie davon überzeugt sind, dass die wenigen Glaubenssätze, die nur als Beispiele gedacht waren, der Wahrheit entsprechen, muss ich Sie enttäuschen. Sie mögen *momentan* in *Ihrer* Realität der Wahrheit entsprechen. Doch *Sie* sind es, der genau *diese* Realität erschaffen hat. Ihre eigene ganz persönliche Hölle oder auch Ihren Himmel, je nachdem. Das Prinzip der Befreiung führt Sie aus dem heraus, was Sie Realität nennen. Es erlöst Sie von den Ängsten, die Sie hindern, in „Freiheit" zu leben.

Was macht mich zum Sklaven?

Wenn Sie jetzt resigniert sagen, dass das Leben eben so sei und dass man ohne diese „Werte" eben nicht bestehen könne, stimme ich Ihnen zu. JA, denn mit diesen Werten wird *Ihre* Realität – etwa Ihr Arbeitsplatz oder die Führung in der Firma – widergespiegelt, Sie werden Ängste erleben und unfrei sein. Sie werden manchmal auch glauben, glücklich zu sein. Sie werden auch spüren, dass etwas fehlt. Was macht Sie nun zum Sklaven? Es sind Ihre Ängste, Zweifel, Verletzungen, Ihre Resonanzen, die Sie in Ihrem Leben erleben. Was Sie tun, ist nicht von Ihrer Ratio – Ihrem Verstand – gesteuert, sondern vor allem durch Ihre Emotionen. Ihr Verstand interpretiert nur Ihre Emotion und wird eine Begründung finden, die dann ganz rational klingt. Ein einfaches Beispiel:

Das Firmenhandy läutet am Sonntag um 20.24 Uhr. Der Mann hebt ab, spricht etwas länger mit seinem Kunden und legt genervt wieder auf.

Frau: „Schatz, wieso stellst du dein Telefon am Sonntag nicht einfach ab?"

Mann: „Du siehst doch ganz genau, dass meine Kunden erwarten, dass ich erreichbar bin!"

Welch schöner Satz! Rational betrachtet auch vollkommen korrekt und in sich schlüssig. Der Kunde *hat* tatsächlich erwartet, den Mann zu erreichen; und er wäre vermutlich auch empört gewesen, hätte er ihn nicht erreicht. Doch was war die dahinterliegende Emotion des Mannes, als er entschied, das Telefon nicht auszuschalten? Er hatte **Angst vor der möglichen Konsequenz**, wenn er nicht erreichbar gewesen wäre.

Seine Gedanken dazu waren zum Beispiel:
- Ich muss erreichbar sein. Wenn ich es nicht bin, ist der Kunde unzufrieden und kündigt.
- Wenn dieser Kunde kündigt, werden es andere auch tun.
- Dies könnte der finanzielle Ruin sein.
- Und außerdem machen es alle so; ich kann es mir gar nicht leisten, nicht erreichbar zu sein.

Und schon haben wir einen Mann, der durch eine Emotion unfrei geworden ist. Der Arme ist nun getrieben, sein Telefon 24 Stunden am Tag, sieben Tage in der Woche eingeschaltet bei sich zu tragen. Ich höre Ihre innere Stimme fragen: „Was soll das jetzt bedeuten, soll ich mein Telefon einfach abstellen und nicht mehr arbeiten?" Nein, so einfach ist es nicht. Es geht nicht darum, den Zustand zu ändern, sondern vor allem die Einstellung und Emotion dazu. Ansonsten würde die ursächliche Angst bestehen bleiben und in anderer Form wiederkehren. Dies mag Ihnen seltsam erscheinen, doch die geistigen Gesetze funktionieren anders, als Sie es gewohnt sind. Vertrauen Sie mir in diesem Moment einfach nur und lesen Sie weiter.

Sie werden mir zumindest zustimmen, dass Emotionen – in unserem Beispiel Angst – unser Verhalten steuern. Jede unbewusste Emotion steuert unseren Verstand und dadurch auch unsere Realität. Wenn man jemanden gezielt darauf anspricht und es wirklich schafft, ihn zu seiner problematischen Emotion zu führen, dann hört man sehr oft als Antwort: *„Ich kann eben nicht anders, ich bin einfach so."* Oder aber Sie werden entgegnen, dass Sie über Ihr problematisches Verhalten Bescheid wissen. Warum Sie aber so fühlen, können Sie nicht erklären. Sie sehen, Ihr Verstand ist nicht wirklich so hilfreich, wie Sie sich das vorstellen. Ihr eigener Verstand ist es nämlich, der viele Gründe finden wird, warum das, was Sie tun, eigentlich so in Ordnung ist. Wir nennen das in unserer Heilarbeit den „Ego-Anteil". Dieser Anteil besteht primär aus Emotionen, Trieben und Begierden, die uns unfrei machen. Diese Kräfte sind größtenteils im Unbewussten verborgen und werden vom Verstand als Teil des Ichs verteidigt. Aus diesem Grund kann es sogar sein, dass Sie beim Lesen solcher Zeilen Ärger empfinden. Es ist der Versuch des „Ego-Anteils", zu überleben.

Sie werden aber erkennen, ohne die zugrunde liegende Angst hätte der Mann aus unserem Beispiel das Telefon ohne Probleme ausschalten können. Interessant eigentlich – erfolgt ohne die Angst vor der Konsequenz eine ganz andere Handlung? Sie fragen sich sicherlich, was wäre für Sie die Konsequenz? Haben Sie Geduld, dazu kommen wir noch!

Lektion Nummer 1:

Ich bin, was ich glaube.
Mein Leben ist, was ich glaube, dass es ist.

Das Leben – eine Strafkolonie?

Wir glauben, von unserem Verstand gesteuert zu sein. Wenn wir aber akzeptieren, dass unsere Emotionen unser Verhalten steuern, dann ist die Saat zur Veränderung aufgegangen. Unsere Sichtweise auf das Leben an sich hat dadurch die Möglichkeit bekommen, sich zu ändern.
    Viele Menschen empfinden das Leben als Straflager. Sie müssen arbeiten und funktionieren, Tag für Tag, Woche für Woche. Freude empfinden sie über Urlaube, Wochenendausflüge und Shopping-Touren. Ist Ihnen aber schon aufgefallen, wie kurzlebig ein Einkaufsvergnügen ist? Wie lange hält das Hochgefühl durch den Kauf eines Artikels an? Bei Statussymbolen wird es noch viel interessanter, wieso kauft man diese? Eigentlich leistet man sich Dinge, welche man nicht braucht, um Menschen zu beeindrucken, die einen nicht mögen. Sehen Sie sich nun die nachfolgenden Sätze an und fragen Sie sich kritisch, welche davon der Wahrheit entsprechen:

1.) Ich *liebe* meine Arbeit.
2.) Durch meine Arbeit finde ich *inneren Frieden*.
3.) Meine Arbeit *inspiriert* mich.
4.) Ich bin glücklich und *lebe meine Träume*.
5.) Ich *arbeite, um zu leben*; ich lebe nicht, um zu arbeiten.

Wenn alle diese Glaubenssätze für Sie der Wahrheit entsprechen, bringen Sie bitte das Buch ins Geschäft zurück und verlangen Sie Ihr Geld zurück. Oder blättern Sie weiter nach hinten zum Kapitel „Die Transformation" und lesen Sie dort, wie Sie Ihren Mitmenschen helfen können. Sie scheinen dann nämlich ein wirklich erfülltes Leben zu führen.
    Wenn aber nur einer der oben genannten Sätze noch nicht auf Ihr Leben zutrifft, gilt es, Dinge an sich zu ändern. Ja, es gibt einen perfekten Zustand, in dem man all dies erlebt. Doch diese Veränderung zum Positiven liegt an Ihnen bzw. genauer gesagt *in* Ihnen, da die Realität eben ein Spiegel Ihres Selbst ist. Wenn

Sie sich dieser Aufgabe, der inneren Weiterentwicklung, nicht stellen, läuft Ihr Leben an Ihnen vorbei und wird dadurch sinnlos. Es gehört nämlich zum Wesen des Lebens an sich, glücklich zu werden, Zufriedenheit und innere Ruhe zu finden. Kein Geld der Welt wird Ihnen Zufriedenheit, innere Ruhe und Glück kaufen können. Innere Bindungen, z. B. auch an Geld, erschweren Ihren Weg durch das Leben, Sie sollten mit leichtem Gepäck durch Ihr Leben reisen. Verstehen Sie mich jetzt nicht falsch – Geld an sich und ein Leben in Fülle sind weder „schlecht" noch „gut". Solange ich einen emotionalen Abstand zum Geld habe, es keine Ängste, Zweifel, Neid, Missgunst oder sonstige problematische Emotionen auslöst, kann ich damit auch gut in Fülle leben. Die Lösung für inneren Frieden liegt also nicht im Außen, sondern im Inneren und bei meinen Emotionen. Finanzieller Reichtum allein ist emotional gesehen keine Lösung.

Ein finanziell mehr als unabhängiger Mann kam zu einer Sitzung. Er war unglücklich mit seinem Leben, denn er hatte mit Existenzängsten zu kämpfen. Der Grund für seine Angst war, dass das viele Geld, das er besaß, „weniger werden" könnte. Er versuchte daher ständig, es zu vermehren. Doch die Angst blieb. Es war ihm unmöglich geworden, das Geld positiv für sich zu verwenden, denn dies hätte seinen Reichtum geschmälert. Je mehr er aber versuchte, das gewünschte Sicherheitsgefühl zu erreichen, desto mehr wuchs seine Angst.

In unserer Heilarbeit erleben wir oft Menschen, die finanziell mehr als ausgesorgt haben, aber mit Existenzängsten kämpfen. Im Grunde war es manchmal ihre Existenzangst, die sie in der Vergangenheit zu Höchstleistungen angetrieben und ihnen finanziellen Reichtum beschert hat. Doch die Angst bleibt, auch wenn das Ziel erreicht und Geld in Fülle verfügbar ist. Geld kann zugrunde liegende Emotionen, wie zum Beispiel Angst, nicht ändern. Die wichtigen Fragen im Leben lauten: Warum erlebe ich verschiedene Emotionen? Welche Handlungen resultieren daraus in meinem Leben? Schon jetzt sei Ihnen dieser schöne Lehrsatz gegeben, der der Wahrheit entspricht:

Lektion Nummer 2:

Ich habe ein Recht auf seelischen Frieden, auf Glück und Zufriedenheit – das Leben ist leicht.

Das Leben ist alles andere als ein Arbeitslager oder eine Strafkolonie. Es ist eine Schule, deren Schüler in der Mehrzahl vergessen haben, dass sie Schüler sind. Außerdem sind die Schüler so damit beschäftigt, sich Pausenbrote zu kaufen und mit ihrer Kleidung und anderen Dingen anzugeben, dass sie den eigentlichen Sinn aus den Augen verloren haben. Andere Mitschüler werden herumgeschubst, es zählt das Recht des Stärkeren. Irgendwann hat der Mensch auf seinem Weg den liebevollen Lehrplan Gottes in der Schule des Lebens vergessen, der da lautet:

1. Klasse: Auflösen meiner Ego-Themen und der damit verbundenen Emotionen
2. Klasse: Selbsterkenntnis
3. Klasse: Nächstenliebe
4. Klasse: Einswerden mit Gott

Die meisten Menschen befinden sich in der ersten Klasse und sind sich dessen nicht einmal bewusst. Dies betrifft auch die Fast-Food-Esoteriker, wie ich einmal einer war. Auch die Spiritualität wird dann im Außen repräsentativ gelebt. Viele beeindruckende Dinge sind notwendig, um dieser Art von Glauben Ausdruck zu verleihen. Sie sehen also, dieser Weg hat nichts damit zu tun, wie spirituell jemand zu sein scheint. Wahre Weisheit kommt von *innen* und führt zu *Ruhe, Gelassenheit, Freude* und *bedingungsloser Liebe*. Doch wieso sollten Sie diesen Weg gehen und sich auf dieses Wunderland überhaupt einlassen?

Die Lügen und der Schein

Was also hindert Sie, lieber Leser, daran, Ihren Weg einfach so weiterzugehen wie bisher? Wieso sollten Sie nicht so weitermachen und einfach in Ihrer persönlichen Scheinwelt weiter werken?

Natürlich hat das Universum ein Korrektiv geschaffen, sodass wir über unser Leben reflektieren und dadurch Kursänderungen vornehmen können. Dieses Korrektiv ist der Schmerz, Ihr ganz persönliches Leid in Ihrem Leben. Wenn Sie also leiden, hat dies immer irgendetwas mit Ihnen selbst zu tun.

Hierfür gibt es einige wichtige Gesetze, die im Folgenden genauer erklärt werden, hier aber zumindest erwähnt werden müssen:

1. Alles, was mich an anderen stört, hat mit mir selbst zu tun – das *Spiegelgesetz*.
2. Alles, was ich aussende, kommt zu mir zurück – das *Gesetz der Anziehung*[1].
3. Gedanken können gesund oder krank machen – das *Gesetz der Wirkung*.
4. *Emotionen* können gesund oder krank machen.
5. Mein *Glaube* bestimmt meine *Realität*.
6. Die Gesetze gelten *über den Tod* hinaus.

Wenn ich diese Gesetze erfahren und dadurch in mein Leben integriert habe, verändert sich alles. Menschen auf diesem Weg durchlaufen einen Prozess der Heilung, schreiten zur Selbsterkenntnis und zum inneren Frieden. Nichts anderes will Gott von uns, als dass wir uns selbst erkennen und *die göttliche*

---

1 Obgleich es sich hierbei um ein altes spirituelles Gesetz handelt, wurde es weitläufig bekannt durch das Buch von Rhonda Byrne: *The Secret – Das Geheimnis*. Goldmann Verlag (Arkana). München 2007.

Kraft in uns finden. Wir sehen schon anhand dieser einfachen Gesetze, dass wir selbst es sind, die die absolute Kontrolle über unser eigenes Leben haben – nichts und niemand anderes ist dafür zuständig.

Was hindert uns daran, Dinge zu verändern?
- *Unsere eigene Trägheit:* Viele Menschen neigen dazu, zahlreiche Ausflüchte zu finden, warum sie an sich selbst nicht arbeiten. Manche Hilfesuchende werden lieber umfangreiche, auch alternative Heilmethoden anwenden, bevor sie sich selbst kritisch hinterfragen.
- *Angst:* Sehr oft neigen Menschen dazu, lieber im altbekannten Schmerz verhaftet zu bleiben, als ihr Schiff des Lebens in unbekannte Gewässer zu steuern. Dies spiegelt sich in Sätzen wider wie „Mir geht es gut, so wie es ist, wieso soll ich alte Wunden aufreißen?"
- *Mangel an Willen,* welcher aber die formgebende Kraft bei der Realitätsbildung ist. Dies äußert sich, wenn der Mensch vor dem Leben kapituliert, den Sinn seines Seins noch nicht erkannt hat.
- *Mangel an Selbstdisziplin:* Auch wenn der Mensch die Lösung sieht und als richtig empfindet, fehlt es an Disziplin auf mehreren Ebenen, sei es körperlich, geistig oder seelisch.

Was geschieht nun, wenn ich nichts ändere? Zwangsläufig führt der Weg irgendwann zu Unzufriedenheit, Unausgeglichenheit und Abhängigkeiten. Wenn diese Emotionen, die ich als Wegweiser und Korrektiv verstehen sollte, nicht anerkannt werden und ich nichts verändere, folgt zwangsläufig körperliche Krankheit. Leben in meiner ganz persönlichen Scheinwelt kann mich also körperlich krank machen. Wiederum ist die Krankheit als Sprache der Seele zu verstehen, somit ein notwendiges Korrektiv und die Chance, mein Leben zu überdenken und zu ändern. Niemand hat es bisher geschafft, seine Seele zu besiegen. Für Menschen, die auch bei den schlimmsten Krankheiten nicht bereit sind, über ihre Emotionen und ihre Themen nachzudenken, kann sogar der frühzeitige Tod folgen. Ich werde dies im Kapitel „Krankheit des Menschen" mehr ausführen.

Wie lange will ich also noch in meiner Scheinwelt leben und Emotionen in das Unbewusste verdrängen, während ich diesen Lebensstil mit Hilfe des Verstandes – kombiniert mit Sturheit – verteidige? *Wann fange ich an, ehrlich zu mir zu sein,* zu hinterfragen, ob ich glücklich bin, was momentan in falschen Bahnen läuft? Ich sollte akzeptieren, dass es nur an meiner Trägheit und Angst vor Konsequenzen liegt, nichts zu ändern. Niemals kann ich mich auf etwas anderes oder jemand anderen berufen. Ich bin verantwortlich für meine Situation, so wie sie ist.

Lektion Nummer 3:

Ich ernte, was ich säe.

Die Wahrheit

- Was passiert beim Prozess der Heilung?
- Was habe ich zu erwarten?
- Und wie soll dies mein Leben verändern?
- Wie lange dauert solch ein Prozess?

Sie erhalten in diesem Buch konkrete Übungen und Anleitungen, die Ihnen helfen werden, sehr schnell an Ihr Ziel zu kommen. Wenn Sie diesen Weg gehen, werden Sie zu einem aktiven Mitarbeiter an der Heilwerdung Ihrer Familie, Ihrer Firma, Ihres Landes, ja der ganzen Welt. Die göttliche Revolution hat schon längst begonnen; täglich werden es mehr und mehr Menschen, die sich der Veränderung hingeben und ihr eigenes Glück finden. Es ist der Weg der Verwandlung, das Prinzip der Befreiung, das sich schon in sehr vielen Menschen verwirklicht hat. Wichtig auf diesem Weg ist, im Inneren zu suchen und an sich selbst zu arbeiten, ohne sich Sekten oder anderen Abhängigkeiten schaffenden Vereinigungen auszuliefern. Es geht also um die Verwirklichung von Gott, Allah, Buddha oder wie Gott sonst von Ihnen genannt wird, in Ihrem Leben. Wer glaubt, dass die geistigen Gesetze oder Gott vor Unternehmen und finanziellen Belangen Halt machen, der ist wahrlich kleingläubig. Gerade dort erlebt man die Gesetzmäßigkeit Tag für Tag, man versteht oder erkennt sie nur nicht. Wenn Sie aber lernen, Gott in Ihrem eigenen Leben zu finden und zu verwirklichen und die geistigen Gesetze für sich anzuwenden, anstelle „Opfer" derselben zu sein, verändert sich alles und Ihre Befreiung geschieht.

Auf dem Weg dorthin kommen einige Veränderungen auf Sie zu, die sich in heilenden Glaubenssätzen widerspiegeln:
- Ich werde gesund (von jeglicher körperlichen Krankheit).
- Ich werde heil (seelisch und mental).
- Ich werde glücklich.
- Ich werde befreit.
- Ich werde erfolgreich.
- Ich werde demütig vor der Schöpfung.
- Ich werde zur Freude.
- Ich finde innere Ruhe.
- Ich werde selbstsicher.
- Ich werde liebesfähig.

Diese Veränderungen im Inneren gehen mit Veränderungen im Außen einher:
- Ihr Freundeskreis verändert sich. Neue Menschen treten in Ihr Leben.
- In Ihre Partnerschaft kehrt Ordnung ein.
- Sie werden vom Druck finanzieller Belange befreit.
- Ihr Leben wird leicht.

Gleichzeitig werden Sie massiven Widerstand in Ihrer Umgebung erleben, da Sie als Fackelträger, als lebendiges Licht der Veränderung wie ein Mahnmal auf träge Mitmenschen wirken werden.
- Einige Ihrer Familienmitglieder und Freunde werden Dinge nicht verstehen, die Sie tun.

- Mitmenschen werden ihre eigenen Ängste auf Sie projizieren.
- Nicht gelebte wichtige Konflikte werden an die Oberfläche treten und endlich bereinigt werden.

Wie lange dauert dieser Prozess? Bei unseren Schülern haben wir erlebt, wie schnell dies vor sich gehen kann. Die größten Veränderungen geschehen in den ersten sechs Monaten. Das Leben wird von Grund auf neu strukturiert. Wie ein kleines Kind beobachtet man die Welt mit großem Staunen. Immer wieder holen einen zwar Ängste und Zweifel ein, doch wird man mannigfaltig belohnt.

Mit welcher Kraft geht man also diesen Weg? – Mit Gottvertrauen. Ja, Gottvertrauen!

„Und ob ich schon wanderte im finstern Tal, fürchte ich kein Unglück; denn du bist bei mir, dein Stecken und Stab trösten mich. Du bereitest vor mir einen Tisch im Angesicht meiner Feinde. Du salbest mein Haupt mit Öl und schenkest mir voll ein. Gutes und Barmherzigkeit werden mir folgen mein Leben lang, und ich werde bleiben im Hause des Herrn immerdar."

Psalm 23,4-6

Dieser Psalm spiegelt Wahrheit, Liebe und Fürsorge wider. Leider versuchen Menschen ständig, Gott auf die Probe zu stellen – zuerst soll ein Wunder geschehen und danach glaube ich. Dies funktioniert so aber nicht. Auf dem Weg der persönlichen Verwandlung werde ich zwangsläufig mit der Frage meines Glaubens konfrontiert, da dieser Weg eben in Gott mündet. Dies ist unabhängig davon, an was ich glaube oder was ich unter Gott verstehe. Bei unseren Heilarbeiten fragen wir die Menschen oft, ob sie an etwas glauben – wie es definiert wird, sei es Gott, die geistige Welt, Allah, die Schöpfung etc. Interessanterweise beantworten neun von zehn Menschen die Frage mit „Ja, natürlich ..." Doch begriffen, was Glaube wirklich bedeutet, haben die wenigsten. Glaube manifestiert sich in Zeiten des

Schmerzes, genau dann, wenn es zu ganz persönlichen Tiefpunkten im Leben eines Menschen kommt. Es sind die Stunden des größten Zweifelns, in welchen eigentlich Gott es ist, der uns trägt. Wir fragen die Hilfesuchenden oft, wie weit sie für ihren Glauben gehen würden. Die Menschen vergessen den Glauben aber genau dann, wenn es einmal im Leben nicht so harmonisch verläuft und man sein eigenes Schicksal als „ganz persönliche Strafe" empfindet. Solche Situationen werden dann von vielen mit der Frage „Warum gerade ich?" einem strafenden Gott oder dem Schicksal zugeschrieben. Dabei hilft Gott demjenigen, der sich voll und ganz hingibt und den Weg mit Zuversicht geht. Denn genau in diesem Moment wird Gott in uns aktiv. Fürchten Sie also kein Unglück. Es gibt keinerlei Grund dazu. Lassen Sie sich von der Liebe Gottes tragen, die Sie momentan vielleicht noch gar nicht kennen. Doch nur weil Sie diese Erfahrung noch nicht gemacht haben, bedeutet es nicht, dass diese Form der Realität nicht existiert. Die neue Realität wartet gerade auf Sie, der Sie diese Zeilen lesen. Gott liebt *Sie*, doch können Sie dies überhaupt zulassen? Darf es Ihnen gut gehen, *ohne* Leistung dafür erbringen zu müssen?

Meine erste persönliche Begegnung mit Gott

Zu Beginn meines Weges hatte ich gerade den Gipfel meiner eigenen Eitelkeiten erklommen. Dies manifestierte sich, indem ich mein gedankliches Ziel endlich verwirklicht hatte: *Geld* und *Macht*. Die Folge davon: *Unglück*. Hatte man nicht gesagt: „Geld macht glücklich?" Doch beginnen wir von vorn.

Als Jugendlicher wollte ich es „allen" hier in Österreich zeigen. Mein persönliches Ziel war, Karriere zu machen. Nicht irgendeine Karriere, sondern eine, die internationales Medieninteresse hervorrufen würde. Ich wollte den „amerikanischen Traum" leben und dementsprechend auch finanziellen Erfolg haben. Also machte ich mich ans Werk.

Zu Recht werden Sie sich, lieber Leser, jetzt fragen: „Wieso wollte er das bloß?"

- *Weshalb* wollte ich dies wirklich?
- *Warum* war es mir wichtig, es „allen zu zeigen"?
- *Wieso* wollte ich diejenigen, die mich nicht mochten, beeindrucken?

Zur Beantwortung der Fragen gehen wir noch ein Stückchen weiter zurück: Ich war von Kindheit an immer etwas „anders", in Gruppen der klassische Außenseiter. Sie können sich mich als den kleinen Buben vorstellen, der bei Spielen immer zuletzt in eine Gruppe gewählt wurde. Derjenige, den man höchstens aus Mitleid in sein Team nahm. Nicht nur, dass ich körperlich anders aussah als meine Spielgefährten, die mich ob meines für unsere Breitengrade dunkleren Äußeren hänselten – ich war auch seelisch gesehen anders. Mich interessierten die wettkampfähnlichen Spiele in der Schule reichlich wenig, ich verbrachte die Zeit lieber mit älteren Menschen und „mochte" meine Kameraden nur bedingt, was noch recht freundlich ausgedrückt ist. Dies löste natürlich eine Resonanz in den Mitmenschen aus, wodurch ich noch mehr gehänselt wurde. Dadurch zog ich mich zunehmend ganz in mein Schneckenhaus zurück und kapselte mich ab.

Die Folge? Mein Unverständnis über die Welt, meine Frustration wuchsen und ich fühlte mich vollkommen deplatziert. Wie geht man nun mit solchen Gefühlen um? Die Frage, ob es an mir läge, so wie es alle sagten, stellte sich für mich nicht. Mein Selbstwert war nicht nur am Boden, sondern eher am Meeresgrund angelangt. Durch dieses Minderwertigkeitsgefühl stürzte ich mich umso mehr in die Emotion „Ich werde es euch allen zeigen". Damit war ich natürlich der perfekte Kandidat, meine gesamte Kraft in eine Karriere zu investieren. Durch Fleiß, Ehrgeiz und den unbändigen Willen, es ganz nach oben zu schaffen, gelang mir der Aufstieg in der IT-Branche, wo ich es bis zum Vizepräsidenten einer 500 Mitarbeiter zählenden Firma brachte. Ich durchlebte alles: Medieninteresse, Vorträge, maßgeschneiderte Anzüge, Designer-Kugelschreiber, Gourmet-Abendessen, exklusive Clubbings, teure Autos etc. Der Gipfel meiner Selbstgefälligkeit spiegelte sich im „Konsum" von Frauen wider, denn in Wahrheit war ich schon längst beziehungsunfähig geworden, auch wenn ich dies damals nicht so sehen wollte. Geld war da, Macht war da; ich hatte es allen gezeigt.

Wem gezeigt?
Allen!
Allen?
Allen, die mich nicht mochten.

Allen, die mich nicht mochten und jetzt noch weniger mochten. Und diejenigen, welche mich mochten, fanden mich abgehoben und arrogant. Eine tolle Bilanz. Ich hatte gerade den Mount Everest der persönlichen Eitelkeiten erklommen, mein eigenes moralisches Empfinden oft genug verkauft, hatte Unternehmensprozessen das Mäntelchen der Corporate Social Responsibility[2] umgehängt, die im Grunde nur da waren, um die Gewinne zu maximieren. In Wahrheit kümmert es Firmen reichlich wenig, wie sich der Einzelne fühlt, es interessiert viel mehr, ob jeder im System Integrierte wie ein Rädchen funktioniert.

Weder bei Pressekonferenzen, teuren Essen noch in guten Hotels habe ich gefunden, was ich eigentlich unbewusst gesucht hatte. Was ich aber fand, war mein eigenes Unglück, und zwar recht viel davon. 200.000 Flugmeilen in einem Jahr hatten nicht dazu geführt, irgendeine befriedigende Antwort zu bekommen. Es lief also etwas grundlegend falsch. Was ich im Beruf erlebte, entfernte mich mehr denn je von dem Gefühl der Ruhe, Liebe und inneren Zufriedenheit.

Nervlich und beziehungstechnisch am Ende, mit körperlichen Krankheiten, die aus schulmedizinischer Sicht als chronisch und daher lebensbegleitend diagnostiziert wurden (Immunschwäche durch übermäßige Antibiotika-Einnahme in der Kindheit, chronische Gastritis, Nachtschweiß und Angstzustän-

---

2   Unter Corporate Social Responsibility (CSR) wird ein gesellschaftspolitischer Ansatz verstanden, der die Balance von Ökonomie, Ökologie und Sozialem herstellen soll.

de), entschied ich, mein Leben von Grund auf zu ändern. Es war wahrlich an der Zeit.

Obwohl ich schon als Kind medial veranlagt und mit außersinnlichen Wahrnehmungen gesegnet war, hatte ich sorgfältig daran gearbeitet, durch meine Karriere mein drittes Auge zu schließen und meinen sechsten Sinn zu leugnen. Ich hatte es geschafft, seelisch und emotional immer mehr zu erblinden. Ich nahm zwar mehr wahr als die meisten, doch lebte ich nichts von dem, was sich mir offenbarte. Bis zu einem gewissen Grad war ich noch immer hellfühlig und hellsichtig, doch wollte ich dies nicht anerkennen. Ich erkannte zwar die Situationen, die ich hätte ändern sollen, doch fehlte es an Mut, Wahrhaftigkeit und vielem mehr.

Nun, da ich mich entschieden hatte, meine Selbst*sucht* in Selbst*suche* umzuwandeln und endlich meinen persönlichen Fehlschlag anzuerkennen, begann ich langsam, mich mit mir selbst und meinen Emotionen auseinanderzusetzen. Ich hatte einen von Grund auf neuen Weg zu erlernen. In einem Moment größten Trauerns und Zweifelns saß ich eines Tages in meinem Apartment auf dem Boden und weinte. Vor lauter Verzweiflung und Ausweglosigkeit wagte ich es, Gott anzusprechen. Ich fragte, was dies alles solle, ich hätte mich selbst und meinen Sinn verloren. Wahrscheinlich tat ich dies, da ich sonst niemanden hätte fragen können. Was sollte schon Großartiges geschehen?

Und siehe da, das Wunder geschah. Etwas riss meinen Kopf nach hinten, mein Mund öffnete sich und ein Lichtstrahl wie aus Feuer fuhr in mich hinein. Ich lachte und weinte zur gleichen Zeit. Als Materialist konnte ich nicht erklären, was da gerade vor sich gegangen war, doch konnte ich das Geschehene nicht leugnen. Ich fühlte es in meinem ganzen Körper. Heute weiß ich, es war meine persönliche Einweihung, eine Initiation, für die der Zeitpunkt gekommen war. Erst durch den Schmerz und die vollständige Hingabe durfte es geschehen. Die Tage vergingen und ich entdeckte meine eigene Heilfähigkeit. Nach und nach erkannte ich, dass es mir Freude bereitete, Menschen Gutes zu tun. Sicher tun wir alle Tag für Tag etwas Gutes, doch stellt sich hier die Frage nach der wahren Motivation dahinter. Wenn Sie sich selbst kritisch hinterfragen und jede Handlung einer Emotion zuordnen, werden Sie erkennen, dass die so genannte „Hilfe" gar nicht so selbstlos ist. Es gibt Menschen, die sich in der Gesellschaft geradezu aufopfern – doch warum? Bei genauem Hinsehen werden Sie erkennen, dass es sehr oft um die *Aufwertung des eigenen Selbstwerts* geht, eine egoistische Handlung sozusagen. Wenn man sich zum Beispiel als Kind von seinen Eltern nicht bedingungslos geliebt gefühlt hat, kommt es zu einer Verminderung des eigenen Selbstwertgefühls. Man versucht durch bestimmte Handlungsweisen von seinen Eltern jene bedingungslose Liebe zu erhalten. Man ist besonders brav, man lehnt sich auf, man strengt sich an, man weigert sich. Diejenige Taktik, die am erfolgreichsten im Erhaschen der „Liebe" ist, wird auch weiterhin im Leben angewandt. Auf der Suche nach dieser *bedingungslosen* Liebe lernt man, *Bedingungen zu erfüllen,* um gemocht zu werden. In der Folge wird man von seinen Mitmenschen abhängig. Abhängig in der Art, dass man auf das Lob oder das Gemochtwerden angewiesen ist. Aus diesem Grund opfern sich Menschen oft auf, um so ihren Wert wiederzufinden. Wenn Sie nun wutschnaubend diese Zeilen lesen, wurden Sie gerade ertappt. Willkommen in der Welt des Egos! Doch trösten Sie sich: Es gibt wahrlich nur wenige Menschen, die *selbstlos* dem anderen dienen. Wahre Hilfe dem Mitmenschen gegenüber geschieht:

- *ohne Lob oder Dank* zu erwarten,
- *im Stillen, ungesehen* von allen,
- einzig und allein, um dem anderen zu *dienen.*

Ich hatte zum damaligen Zeitpunkt erkannt, dass meine eigenen Handlungen dieser Prüfung nicht standhielten. Durch die Initiation und den neuen Energiefluss im Körper wurde immer klarer, dass sich Neues und bisher Unbekanntes offenbart hatte.

Nicht allzu lange nach diesem Erlebnis wagte ich es erneut und sprach Gott an. Dies war wahrlich neu für mich, denn ich hatte bisher keinerlei Dialoge, sondern nur reine Monologe geführt. Meine erste Frage war:

„Der neue Weg führt in eine ganz andere Richtung, aber ich habe die ‚Dinge' doch so gerne, wohin soll das führen?"

Mit „Dingen" waren all die Statussymbole gemeint, von denen ich mich noch nicht lösen konnte: Autos, Kleidung, Status an sich etc. Es war ein richtiges Aufbäumen meines eigenen unbewussten Egos. Bitte beachten Sie, dass diese Dinge nicht per se „schlecht" sind; es geht darum, ob man emotional an diese gebunden ist. Dies war ich ganz eindeutig.

Gott antwortete mir in absoluter Klarheit:

„Wenn dir diese Dinge wichtig sind, dann lebe sie, und wir kommen in späteren Inkarnationen wieder."

Mit allem hatte ich gerechnet, doch nicht mit dieser Antwort. Es war mir freigestellt, den Weg so weiterzugehen wie bisher und mich an Dinge zu klammern. Die geistige Welt mit all ihren Helfern (wahrscheinlich auch deswegen wurde das Wort „wir" verwendet) hatte Zeit und wartete nur, bis ich bereit war, mich zu verändern und zu erwachen. Mir wurde die Absurdität meiner Frage bewusst:

- Wieso sich weiter an Dinge klammern?
- Wieso sich von Ängsten bestimmen lassen?
- Wieso Wert durch Leistung suchen?
- Wieso es anderen beweisen müssen?
- Wieso noch Zeit in Form von weiteren Inkarnationen (Wiedergeburten) verschwenden, anstatt sich wirklich hinzugeben und Gott zu suchen?

Daraus ergab sich auch schon meine zweite Frage:

„Ich habe verstanden, ich werde diesen neuen Weg gehen. Aber ich muss doch etwas verdienen, um zu leben?"

Die Antwort hatte es in sich:

"Vertraue einfach – du wirst alles bekommen, was du brauchst."

Das war es also, worum es ging: *Vertrauen*. Vertrauen auf ein nicht sichtbares, riechbares, schmeckbares, nicht durch Gewinnmaximierung bestimmbares, abwägbares Etwas.

Wahrlich eine bittere Pille mit weit reichenden Konsequenzen. Es bedeutete, vollkommen zu vertrauen; zu wissen, dass immer genug da sein würde; sich nicht sorgen zu müssen, das Vertrauen zu spüren – die Verkörperung des Vertrauens und der Hingabe zu sein.

Konnte ich das? Lange saß ich allein in der Wohnung, überlegte und versuchte Für und Wider abzuwägen. Analysen, die ich im MBA-Studium gelernt hatte, schienen mich nicht weiterzubringen.

Nein, stattdessen diese Gespräche, die ich nicht einmal überprüfen konnte. Wenn ich Ärzten von meinen Erlebnissen berichtet hätte, wäre ich sicher stationär wegen Schizophrenie behandelt worden. Irgendwann kam aber der Moment, an dem ich mich genug im Kreis gedreht hatte. Ich ließ meinen Verstand los. Ratio ade.

Auf einmal spürte ich es, da war es, dieses Gefühl. Ein warmer Strom von Vertrauen floss durch mich. In diesem Moment wusste ich: *"Ich kann es – ich vertraue!"*

Und alles änderte sich. Das Urvertrauen war zurückgekehrt, die Heilung hatte begonnen. Ein neuer Weg begann. Ich ließ alles zurück und mit jedem Tag veränderte ich Dinge, die mich so lange beruflich und privat gequält hatten. Ich hatte keine Angst mehr! Ich wurde handlungsfähig! Ich veränderte mich und erschuf mich neu! In langsamen Schritten begann ich parallel zu meinem Beruf anderen Menschen zu helfen. Ich bildete mich fort und erlernte verschiedenste Methoden zur Selbstfindung. Mehr und mehr Menschen kamen, die unter ähnlichen Problemen gelitten hatten und Hilfe suchten. Mit meiner geliebten Ehefrau vertiefte ich den Weg des Heilens. Über zwei Jahre arbeiteten wir grundsätzlich unentgeltlich in unserer Freizeit.

Dies half uns, die Einstellung der Liebe dem Hilfesuchenden gegenüber zu entwickeln. Diese Zeit war auch ein Weg zu uns selbst, ein Heilwerden in uns, ein „*Gott in uns*"-Finden. Als dies geschah, veränderte sich alles. Die Dialoge mit Gott wurden zum Alltag. Meine aus der Kindheit vertraute Hellsichtigkeit war zurückgekehrt. Die Liebe hatte mich geheilt. Ich hatte gelernt, was es bedeutete, über alles verfügen zu können und dabei nichts zu besitzen. Viel mehr noch, ich war nicht mehr besessen von den Dingen, die ich glaubte, haben zu müssen. Ein Leben in Fülle – ohne die Angst, diese zu verlieren – war Wirklichkeit geworden. Die Möglichkeit zur Erschaffung der eigenen Realität offenbarte sich wie ein Wunder. Danke, Gott!

Lektion Nummer 4:

Vertraue einfach – du wirst alles bekommen, was du brauchst.

„*Unsere Konsum- und Marktwirtschaft beruht auf der Idee, dass man Glück kaufen kann, wie man alles kaufen kann. Und wenn man kein Geld bezahlen muss für etwas, dann kann es einen auch nicht glücklich machen. Dass Glück aber etwas ganz anderes ist, was nur aus der eigenen Anstrengung, aus dem Innern kommt und überhaupt kein Geld kostet, dass Glück das ‚Billigste' ist, was es auf der Welt gibt, das ist den Menschen noch nicht aufgegangen.*"
Erich Fromm (1900 – 1980), Psychoanalytiker

Krankheit des Menschen

Wie schon vorweg erwähnt, hat Gott ein wunderbares System geschaffen, um unserem Höheren Selbst, unserem göttlichen Wesenskern, unserer Seele eine Ausdrucksmöglichkeit zu geben, wenn unser fleischgewordenes Ego alle Verbindungsversuche der Seele ignoriert – die Krankheit. Wie schon Dr. Rüdiger Dahlke als ausgebildeter Schulmediziner richtig erkannte: „Krankheit ist die Sprache der Seele"[3]. Die Seele drückt sich durch vielerlei in uns aus, daher wäre noch zutreffender: Krankheit ist ein unüberhörbarer Aufschrei der Seele, der uns zum Handeln zwingt. Es gibt keine Krankheit, die nicht ihre Ursache auf seelischer Ebene hat. Doch wie funktioniert dies?

Am Anfang steht die Geburt des Menschen – zu einem Zeitpunkt, zu dem sich die astrologische Konstellation mit der seelischen Konstellation deckt. Wenn also das perfekte Umfeld in unserem Universum bereitsteht, wird die Seele in einen Körper geboren. Doch ist nun die Seele der Körper oder sind wir wesentlich mehr? Das gesamte Feld der Geistheilung basiert darauf, dass wir „mehr" sind. Die erstaunlichen Erfolge der jahrtausendealten Geistheilung basieren eben darauf, dass der Körper nur die am niedrigsten schwingende, grobstofflich gewordene Ebene unseres Seins ist.

Ein Sinnbild zur Verdeutlichung: Nehmen wir an, das Meer entspräche der geistigen Welt, Gott bzw. dem Göttlichen. Da die geistige Welt allumfassend ist, ist sie auch allwissend, allgegenwärtig und allmächtig. Nun manifestiert sich ein Teil Gottes in der Schöpfung als Mensch: Stellen Sie sich hierzu einen Tropfen vor, der alle Informationen des gesamten Meeres in sich trägt, aber das Bewusstsein hat, „doch nur ein Tropfen zu sein". Während die gesamte Information des Meeres in ihm gespeichert ist, hat er noch keine bewusste Möglichkeit, darauf zuzugreifen. Das Geschöpf glaubt daher, nur Geschöpf zu sein, aber nicht mehr Schöpfer. Durch seine Lebensweise wird das Geschöpf immer mehr zum menschlichen Körper und verliert zunehmend das Gefühl seiner eigenen Göttlichkeit. Sehr schön sieht man dies an der Entwicklung von Kindern. Wenn man ein Kind nach der Geburt im Arm hält, erkennt man Gott noch höchstpersönlich, die Eltern vergöttern es. Das Kind selbst spricht in jungen Jahren noch von seinen unendlichen Möglichkeiten, seiner Grenzenlosigkeit, während die ältere Generation dem

---

3 Vgl. hierzu: Rüdiger Dahlke: *Krankheit als Sprache der Seele. Be-Deutung und Chance der Krankheitsbilder.* Goldmann Verlag. München 1999.

Kind erklärt, es möge aufhören zu träumen, realistisch werden – eben funktionieren. In unserer westlichen Welt ist wenig Platz für „Träumer". Doch sind wir nicht nur arme „Opfer", die hierher geboren werden, nein, wir leben im perfekten Umfeld, um unseren göttlichen Auftrag zu erfüllen.

Dieser Auftrag lautet:
- Löse deine eigenen Ego-Themen auf. Sie spiegeln sich in anderen Menschen wider, um in dein Bewusstsein vorzudringen.
- Arbeite an deinen Zwillingseigenschaften [4] und der anschließenden Erkenntnis, der Bewusstwerdung, dass du göttlich bist.

Dies erklärt, warum sich große Meister „Sohn Gottes" oder „göttlich" genannt haben oder als Inkarnation Gottes, als Gottmensch verehrt werden. Sie sind sich ihrer Göttlichkeit bewusst geworden und unterliegen daher keinerlei Einschränkungen mehr.

Der erste Schritt liegt also darin anzuerkennen, dass wir nicht nur der Tropfen sind, sondern ein Teil des Meeres, ein Teil des großen Ganzen, das wir „Gott" nennen. Wichtig ist auch zu verstehen, dass dies kein Prozess auf Verstandesebene ist: Jede Zelle des Körpers muss diese Erfahrung fühlen. Bei der Anerkennung der eigenen Göttlichkeit tun sich besonders Christen schwer, da der christliche Glaube Gott und seine Schöpfung kategorisch trennt und die Kirche als Vermittler dazwischenschaltet. Doch unsere eigene jahrelange Suche und die Suche von anderen „Tropfen" haben uns das Meer gezeigt und dadurch eine neue Perspektive eröffnet. Der Weg der Selbsterkenntnis zeigt jedem, der diesen geht, die ganze Wahrheit, ohne dass eine Institution als Vermittler zu Gott notwendig wäre. Der Mensch als Teil Gottes braucht keine Vermittlung, um Gott in sich zu finden. Im Gegenteil, dies entfernt ihn nur noch mehr, da Gott nicht mehr im Inneren, sondern im Außen gesucht wird, wo er zwar erkannt, aber nicht erfahren werden kann. Die eigentliche Erkenntnis kommt jedoch über die Reise nach innen.

---

4   Siehe Kapitel „Die 12 Zwillingseigenschaften".

„Ich und der Vater sind eins."
Jesus Christus, nach Johannes-Evangelium 10,30

„Jeder von uns ist ein Gott. Jeder von uns ist allwissend. Wir müssen lediglich unser Bewusstsein öffnen, um unserer eigenen Weisheit zu lauschen."
Siddharta Gautama Buddha (563 – 483 v. Chr.)

„Alle Dinge, die in der Natur entstehen, vom kleinsten bis zum größten, sind Entsprechungen. Sie sind aber Entsprechungen, weil die natürliche Welt mit all dem Ihrigen aus der geistigen Welt entsteht und besteht, und beide aus dem Göttlichen."
Emanuel Swedenborg (1688 – 1772),
schwedischer Theosoph

„Der erkennt Gott recht, der ihn in allen Dingen gleicherweise erkennt."
Meister Eckhart (1260 – 1328), Mystiker

„Diese Gnade flutet von innen, nicht von außen, denn Gott ist uns innerlicher, als wir selbst es uns sind."
Jan van Ruysbroek (1293 – 1881),
flämischer Theologe

„Einen Gott, der die Objekte seines Schaffens belohnt und bestraft, der überhaupt einen Willen hat nach der Art desjenigen, den wir an uns selbst erleben, kann ich mir nicht einbilden."
Albert Einstein (1879 – 1955), Physiker

„Es ist das Herz, das Gott fühlt, und nicht der Verstand."
Blaise Pascal (1623 – 1662),
französischer Philosoph

„Ihr seid alle Glieder des einen kosmischen Körpers, des Schöpfers, der weitaus ausgedehnter ist als das Universum; dieses Universum, das nichts als ein kleiner Bruchteil seiner Herrlichkeit ist. Einzelne mögen zu dem Glauben verleitet sein, dass sie vom Übrigen verschieden sind. Aber die allem innewohnende Göttlichkeit ist in jedem dieselbe. Bei einer Girlande sind es zuerst die Blumen, die Euch ins Auge fallen, während das Band, an dem sie befestigt sind, angenommen werden muss. Es ist nicht so offensichtlich, aber ohne es würden sie alle herunterfallen. Genauso fallt Ihr, ohne die Gebundenheit in Gott, heraus wie beziehungslose Einheiten; genau genommen seid Ihr Wesen nur in der Entsprechung zu dem göttlichen Funken in Euch."

Sathya Sai Baba (geb. 1926), Avatar

Lektion Nummer 5:

Ich bin Gott so nahe, wie ich mir selbst bin.

Nun, da der Mensch durch den schöpferischen Akt geboren wurde, begibt er sich auf die Suche. Dieser Mensch, im Beispiel unser Tropfen, ist im Grunde aus mehreren Schichten aufgebaut, in deren Zentrum ein individueller Teil der universellen Energie fließt. Diese Energie umströmt unsere Wirbelsäule, die das gesamte Gerüst sowohl auf körperlicher als auch energetischer Ebene darstellt. In unseren Arbeiten ist diese Energie in unterschiedlicher Farbe wahrnehmbar und schimmert manchmal in der Form eines gestreckten Eies. Diese Farben werden die Aura des Menschen genannt, die uns durchdringt und umschließt. Versuche, die Aura wissenschaftlich nachzuweisen, sind bisher fehlgeschlagen. Hier könnte es in der Zukunft Aufschluss durch quantenphysikalische Untersuchungen geben. Bisher ist die Aura jedoch nur durch hellsichtige Menschen wahrgenommen worden. Die Wahrnehmung der Aura ist kein neuzeitliches Phänomen, sondern man findet diese auf zahlreichen bildlichen

Darstellungen unterschiedlichster Kulturen wie auch im Christentum (vgl. Heiligenschein).

Die erste Ebene – der physische Körper
Der physische Körper ist die am niedrigsten schwingende Ebene der Manifestation bei der Geburt. Er ist unsere körperliche Hülle, in der wir wohnen, umgeben von der energetischen Ebene.

Die zweite Ebene – die energetische Ebene
Diese höher schwingende Ebene steht in konstanter Wechselwirkung mit dem Körper.

- Wirkung der energetischen Ebene auf den Körper: Sollte es in der Aura schon länger bestehende dunkle Flecken geben (die Ursachen dafür werden noch eingehend dargestellt), wird an diesen Stellen und in der näheren Umgebung auch der Körper krank.
- Wirkung der körperlichen Ebene auf die energetische Ebene: In die andere Richtung treten diese Veränderungen ebenfalls auf. Dies geschieht z. B. bei Verletzungen durch Unfälle. Der Körper wirkt dann auf die energetische Ebene, die sich als Folge dunkler verfärbt. Diese Auswirkungen sind zum Beispiel durch Muten (Werkzeug aus der Radiästhesie) erkennbar. Wenn ein der energetischen Arbeit kundiger Heiler die Störung auf energetischer Ebene behebt, wirkt sich dies positiv auf die körperlichen Beschwerden aus.

Die dritte Ebene – die emotionale Ebene
Über dieser energetischen Ebene liegt die emotionale Schicht, wieder eine energetische Hülle, welche aber durch unsere Emotionen in ihrem Aufbau verändert wird. Jede „unangenehme" Emotion verfärbt diese Schicht an ganz spezifischen Stellen; hält diese Emotion über einen längeren Zeitraum an, wird die Verfärbung so stark, dass die darunterliegende Ebene sich ebenfalls verfärbt. Infolgedessen wird der Körper krank. Ein Beispiel hierzu:

Eine Frau lebt zehn Jahre in einer Beziehung, in welcher sie ständig betrogen wird. Sie fühlt sich verletzt, sie spürt den Vertrauensbruch, sie ist wütend. Jedoch ist diese Frau unfähig, ihre Emotionen zu artikulieren. Sie verteidigt ihren eigenen Wert nicht gegenüber ihrem Mann. Nein, sie tendiert dazu, sich ganz ihrem Schmerz hinzugeben und hofft, durch ihren offensichtlichen Schmerz den Mann dazu zu bewegen, sie nicht mehr zu verletzen. Ihre Gedanken drehen sich um einen einzigen Satz: „Siehst du nicht, wie sehr ich leide?" Schon in der Kindheit hatte sie Angst, ihre Bedürfnisse zu artikulieren. Bedingungslose Liebe hatte sie nie erfahren dürfen, und so passte sie sich den Mitmenschen gerne an. Sie hatte nie gelernt, Aggression in sich zuzulassen, diese zu artikulieren und etwa laut aufstampfend zu sagen: „So nicht, ich bin mehr wert als das!" Die Jahre vergehen, die Frau spürt immer wieder eine Beklemmung, die ihre Brust zuschnürt. In der Nacht schläft sie schlecht, bei gemeinsamer Zeit mit dem Mann spürt sie ein unangenehmes Gefühl in der Magengegend. Irgendwann entscheidet sie sich, Tabletten zu nehmen, um die Symptome in den Griff zu bekommen. Nach vielen Jahren diagnostizieren die Ärzte Brustkrebs.

Dies ist oftmals der Moment, in dem sich Menschen auch alternative Meinungen wie die von Geistheilern einholen.

Was ist hier geschehen? Bei der Frau hatte sich die emotionale Ebene sehr stark verfärbt, ganz besonders im Bereich ihres Herzens, ein wichtiger Punkt unter sieben Hauptpunkten des Körpers, welche „Chakren" (Energiezentren) genannt werden. Über kürzere Zeiträume hinweg sind diese Verfärbungen kein Problem. Doch die lange Wirkung ihrer Emotion, die nicht gelebte Aggression, sorgte in diesem Fall dafür, dass die starke Verfärbung auf emotionaler Ebene bestehen blieb. Die Frau ignorierte alle Warnhinweise ihrer Seele, alle kleinen körperlichen Symptome, sie ignorierte ihr „Gefühl im Bauch". Hier befindet sich aber genau das Zentrum der Urteilskraft[5]. All dies ist eine grobe Verletzung meiner Bestimmung, Gott zu ehren,

---

5 Vgl. hierzu: Catherine Ponder: Die Heilungsgeheimnisse der Jahrhunderte. Die 12 Geisteskräfte des Menschen. Goldmann Verlag. München 1992.

also auch Gott in mir selbst zu ehren und Respektlosigkeiten nicht zuzulassen. Die Frau gab sich weiter ihrem Schmerz hin und war weiterhin handlungsunfähig. Ihre emotionale Ebene verfärbte die darunterliegende energetische, bis dies schließlich im Bereich des Herzens auf den physischen Körper wirkte. Dort wurde nun die Aggressivität, die im Außen hätte gelebt werden müssen, im Inneren ausgelebt. Zuerst nur eine Zelle, dann zwei, dann drei und so weiter. Es wurden immer mehr. Dann entdeckten die Mediziner schließlich den Krebs und die Diagnose wurde gestellt. Anhand dieses Beispiels können wir erkennen, wie unsere eigenen Emotionen Voraussetzungen schaffen, krank oder gesund zu sein. Es ist eines der wichtigsten Gesetze, die wir verstehen müssen, um unser Leben erfüllt und gesund zu leben.

Die vierte Ebene – die mentale Ebene
Über der emotionalen befindet sich die mentale Schicht. Diese Ebene wird durch unsere Gedanken bestimmt. Unsere Glaubenssätze stehen in direkter Verbindung mit dieser Ebene. Ein Beispiel: Man hört oft Sätze wie „Ich werde im Jahr immer dreimal krank" oder – mit festem Stolz verkündet – „Die Grippe bekomme ich immer". Dies sind Glaubenssätze, die sich auf der mentalen Ebene manifestieren, dann die darunterliegende emotionale Schicht verfärben, dann die energetische und schließlich auf den Körper wirken. Am Ende passiert schließlich genau das Vorhergesagte. Ja, hier handelt es sich um eine „selbsterfüllende Prophezeiung". In unserem westlichen Heilungssystem wird diese Ebene leider kaum behandelt.

Die fünfte Ebene – die spirituelle Ebene
Die äußerste Ebene des Menschen ist die spirituelle Ebene. Diese Ebene schwingt durch die Verbundenheit des Menschen mit der Schöpfung. In unserer heutigen Zeit ist sie nur noch wenig ausgebildet. Veränderungen und Heilarbeit auf dieser Ebene können in Sekundenschnelle Wunder bewirken. Dies war es auch, was Jesus Christus tat. Ein sich seines Höheren Selbst bewusst gewordener Heiler kann durch Aktivierung der spirituellen Ebene des Behandelten eine Wunderheilung oder Spontanheilung

auslösen. Die allumfassende Liebe wird sich in einem solchen Fall in Sekundenschnelle manifestieren. Heute gibt es selbstverwirklichte Heiler leider nur selten, und die Behandelten tragen meistens eine nur mehr verkümmerte spirituelle Schicht um sich. Jesus Christus war ein solcher Heiler, der rein durch seine göttliche Präsenz die spirituelle Ebene eines jeden verstärken konnte, der bereit war, sich hinzugeben. Aus diesem Grund reichte sein Wort, es war formgebend und Wunder geschahen. Diese Wunder geschehen auch heute noch, wenn wir sie durch unseren Glauben und unsere Hingabe zulassen.

Lektion Nummer 6:

Meine Gedanken und Emotionen machen mich gesund oder krank. Nur ich selbst steuere sie.

Die Zukunft der Heilung

Wenn ich mir dieser Zusammenhänge bewusst bin, stellt sich natürlich die Frage nach der optimalen Heilmethode. Um heil zu werden, ist es wichtig, die Ursachenkette aufzulösen. Die schulmedizinische Behandlung schenkt mir Zeit, die notwendig ist, damit ich an meinen Themen arbeiten kann. In unserer eigenen Heilerschule arbeiten wir mit Schulmedizinern zusammen, die einen wichtigen Aspekt in die Heilung einbringen. Warum?

Hier geht es um Glaubenssätze: In unserer Kultur der „Götter in Weiß" ist ein Hilfesuchender überfordert, wenn man ihn dazu bewegen möchte, allein auf Gottes Hilfe zu vertrauen, um heil zu werden. Dies erfordert einen hohen Bewusstseinszustand, den zwar immer mehr, aber eben nicht alle Menschen erreichen. Wenn ein Heiler den Hilfesuchenden von der Schulmedizin abhält, unterschreibt er unter Umständen dessen Todesurteil. Daher ist eine gemeinsame Behandlung vorteilhaft. Wir empfehlen Menschen eine schulmedizinische Behandlung bei Ärzten, die zum Beispiel auch auf dem Gebiet der Homöopathie ausgebildet sind. Diese Mediziner sind kompetent, unterscheiden zu können, wann auf physischer Ebene schwere, manchmal sehr zerstörerisch wirkende Medikamente eingesetzt werden sollten und wann nicht. Gleichzeitig dazu begeben wir als Geistheiler uns auf die Suche nach Ursachen und arbeiten in den verschiedenen Schichten des energetischen Körpers, sodass die negativen Einflüsse zu wirken aufhören. Wir selbst wurden mehrmals Zeugen von Spontanheilungen, welche sich innerhalb von Minuten manifestierten, wenn die Selbstheilung des Menschen über die spirituelle Ebene aktiviert worden war. Doch liegt es eben in der Hingabe des Hilfesuchenden an den eigenen göttlichen Aspekt, ob sich solch ein Wunder vollzieht. Und vergessen wir nicht – „Medikamente" meint dem Wort nach „medica mente", also „heile durch den Geist".

Ein weiterer wichtiger Aspekt für Hilfesuchende ist die Wahl des spirituellen Heilers. Auch wenn wir uns durch die Arbeit und Stellungnahmen unserer Heilerschule viele Geistheiler zu Feinden gemacht haben, vertreten wir die Auffassung, dass das Maß der Hilfestellung, also der spirituellen Heilung, in direktem Zusammenhang mit dem Heilsein des Heilers steht.[6] Es geht hierbei weniger um die angewandten Methoden, die es wie Sand am Meer gibt, sondern vielmehr darum, inwieweit der Geistheiler in der Lage ist, universelle Energie als Kanal zu bündeln und an den Hilfesuchenden weiterzugeben oder dessen spirituelle Ebene zu stärken. Geistige Heilung geschieht dann ohne großes Aufsehen und ohne „Show" in Sekundenschnelle. Wenn der göttliche Geist wirkt, wirkt er intelligent und höchst effizient. Natürlich wird man nicht generell als gesunder Heiler geboren – es ist ein langer Weg dorthin. Es ist der Weg, den jeder Mensch irgendwann gehen wird – der Weg über die Auflösung der Ego-Themen und die Integration der (später erklärten) Zwillingseigenschaften. Leider ist es aber so, dass auf diesem Weg, speziell wenn sich Erfolge einstellen, viele über ihre Ego-Energie stolpern und stolz hervorheben, was *„das eigene eitle*

---

[6] *Vgl. hierzu: Stephan von Stepski-Doliwa: Sai Baba spricht, Bd. 4, Über Psychotherapie. Govinda Sai Verlag. Grafrath 2000. Im Kapitel über den guten und den problematischen Therapeuten beschreibt von Stepski-Doliwa wunderbar die Thematik von „problematischen Heilern".*

Selbst" – also nicht „*das göttliche Selbst*" – doch vollbringt. Wie schon erwähnt, geht es bei dem Weg der Verwirklichung Gottes um die Aufhebung der verbleibenden egoistischen Energien. Diese sind in unserem Beispiel des Heilers Eitelkeit, Besitzgier, falscher Stolz, Überheblichkeit oder Selbstdarstellung. Wenn man sich als Hilfesuchender auf die Suche nach einem spirituellen Heiler oder gar einem spirituellen Lehrer begibt, sollte man sich folgende Fragen stellen:

- Ist der Heiler körperlich gesund? Hat er sich selbst geheilt? Sind also die eigenen Heilmethoden und göttlichen Kräfte so weit entwickelt, dass er sich selbst von Krankheiten befreit hat? Natürlich ist jeder Mensch in der Lage, seinen Mitmenschen zu „helfen". Sei es durch Gespräche, aber auch durch energetische Zuwendungen. Wenn wir jedoch von einem spirituellen Lehrer sprechen, sind hohe Ansprüche an diesen – in Form der Integration des gelehrten Stoffes – sehr wohl gerechtfertigt. Genau gegen diese Voraussetzung wehren sich jedoch Heiler, die die gelehrten Ziele selbst noch nicht erreicht haben. Der spirituelle Weg führt zu Liebe, Hingabe und Demut. Dies ist auch das Erkennen, dass man noch unvollkommen ist und daran arbeitet.

„Ich weiß, dass ich nichts weiß."
        Sokrates (469 – 399 v. Chr.), griechischer Philosoph

Die Anforderungen an einen spirituellen Lehrer werden sehr gut vom Psychotherapeuten Stephan von Stepski-Doliwa dargestellt:

„Wer sich als Therapeut betätigen will, muss ein Weiser, muss im Grunde erleuchtet sein. Er muss die Quelle, das gemeinsame Sein aller erreicht und das Göttliche in sich verwirklicht haben.

Wer diese Attribute nicht hat, richtet schnell mehr Schaden an, als dass er hilft, geschweige denn heilt.

Weil die meisten so genannten Therapeuten heutzutage weder selbst seelisch gesund noch erleuchtet sind, dauern die Therapien einerseits so lange und erreichen andererseits so wenig, wodurch das Leiden der Patienten in vielen Fällen überhaupt nicht gemildert, sondern häufig sogar vergrößert wird. Der Ruf der Psychotherapie ist infolgedessen immer noch sehr zweifelhaft, um nicht zu sagen schlecht.

Die meisten Therapeuten stochern wie Blinde in der Psyche ihrer Patienten herum, weil sie im Grunde überhaupt nicht wissen, was sie suchen. So schrecklich es klingt, so ist es doch in vielen Fällen wahr: Sie suchen nicht primär die Heilung ihrer Patienten, sondern ihre eigene. Sie suchen Positives wie Wohlstand, Anerkennung, Ansehen und Anmut und landen schließlich bei der Anmaßung, weil sie am falschen Ort suchen. Ja, Anmut! Der Leser stolpert vielleicht über das Wort Anmut und denkt möglicherweise, ich hätte es gewählt, weil es gut in die Reihe der mit ‚A' beginnenden Wörter passt. Dem ist aber nicht so. Anmut ist eine typische Eigenschaft desjenigen, der sich gefunden hat. Denn Anmut ist eine ureigenste Eigenschaft des Absoluten – des Absoluten, das der Erleuchtete aufsucht, in sich findet und aus dem er schöpft. Anmut ist das Wesen von allem. Anerkennung, Ansehen und Anmut sollten Patienten in einer Therapie finden. Das heißt: Der Therapeut sollte ihnen helfen, das in sich aufzufinden, was in jedem ist und was er in sich selbst verwirklicht hat." [7]

- Ist der Heiler glücklich, lebt er ein glückliches Leben?
- Lebt er ein intaktes seelisches Mann/Frau-Prinzip – sofern eine Beziehung vorhanden ist? Hier geht es nicht um ein Verhältnis zwischen einem biologischen Mann und einer biologischen Frau. Vielmehr ist die seelische energetische Qualität des männlichen und weiblichen Prinzips gemeint. Deutlich sieht man dies am Beispiel von Transsexualität, wenn Menschen im falschen Körper geboren werden. Wenn sie endlich ihre energetische Bestimmung gefunden haben, werden sie frei. Der kirchliche Weg, bestimmte Geschlechtsneigungen heilen zu wollen, ist sinnlos. Es gibt hier nichts

---

7   Ibidem.

zu heilen. Ein weiteres Thema sind gleichgeschlechtliche Beziehungen. Auch diese Beziehungen unterliegen den gleichen seelischen Gesetzen wie heterosexuelle Beziehungen. Auf der seelischen Ebene kann auch in diesen Beziehungen das Mann/Frau-Prinzip erlernt werden, auch wenn biologisch gesehen zweimal das gleiche Geschlecht vorhanden ist. Es geht also darum, ob die Beziehung generell positiv, respektvoll, liebevoll gelebt wird, unabhängig vom körperlichen Geschlecht.

- Sind seine Gesichtshälften gerade? Dies ist ein Indikator, da sich seelische Unausgewogenheit über das vegetative Nervensystem über die Muskulatur im Körper manifestiert. Die Muskulatur verzerrt dann den Körper und man erkennt diesen Zustand sehr deutlich im Gesicht. Je ausgeglichener ein Mensch lebt, desto klarer werden seine Gesichtszüge.
- Was sagt mein Bauchgefühl beim ersten Kontakt?
- Spürt man bei der Arbeit die „Liebe" und „Hingabe" des spirituellen Heilers?
- Entsprechen die Kosten für die Behandlung dem relativen Maß von Austausch für eine Leistung oder sind die Preise überzogen, gibt es Geschäftemacherei mit dem Leid von Menschen?
- Sind Demut, Freude und Respekt des Heilers für den Hilfesuchenden spürbar?

Bitte lassen Sie sich nicht vom Dekor einer Praxis oder von Zertifikaten blenden. Wichtig ist einzig und allein Ihre Intuition. Wer einen Heiler nach diesen Kriterien sucht, wird ihn auch finden. Der Heiler sollte selbst gesund und ausgeglichen sein. Er lebt die Liebe, wird nie zu viel verlangen und manchmal auch in Hingabe umsonst – als Dienst am Nächsten – arbeiten. Der Heiler hat dann das Vertrauen, dass er ohnehin alles von Gott bekommen wird, was er braucht, und lebt somit vollkommen angstfrei.

Dieser Zustand ist, wie gesagt, nicht sofort erreichbar, doch ist es gerade für einen Heiler wichtig, stetig zu suchen und sich selbst zu verbessern. Seine Arbeit wird dann von Demut, Liebe und Freude begleitet. Es folgen ständig Prüfungen für den

Heiler, bei welchen er sich stets weiterbildet, wächst und zur lebendigen Verkörperung der göttlichen Liebe wird.

Ein Heiler wird durch diese Arbeit an sich selbst zu einem immer besseren Kanal, und seine Nervenzentren im Körper sind dann in der Lage, eine immer höher schwingende Energie zu kanalisieren. Dies eröffnet die Möglichkeit, immer mehr zu tun, schneller und effizienter Heilung zu bringen. Alles wird einfach, Heilung geschieht in der reinen Präsenz eines solchen Menschen. Visualisierungshilfen und Heilhilfen werden mit der Zeit immer weniger notwendig. Als gutes Beispiel dient hier wiederum Jesus Christus, der für seine Heilung nichts anderes benötigte als seine Liebe und Hingabe an Gott. Die Wahrheit ist sehr einfach, weniger ist mehr. Das Vertrauen auf, die Liebe zu und Hingabe an Gott bewirken Heilungswunder:

„Durch die unendliche göttliche Liebe erfahre ich allumfassende Heilung auf allen Ebenen von Körper, Geist und Seele – jetzt."

Wiederholen Sie diesen Satz – so oft, wie er sich für Sie stimmig anfühlt! Versuchen Sie es!

Lektion Nummer 7:

Nur die Liebe und Hingabe an Gott heilt.

„Willst Du glücklich leben, hasse niemanden und überlasse die Zukunft Gott."

Johann Wolfgang von Goethe (1749 – 1832), Universalgelehrter und Dichter

Krankheit des Systems

Leider spiegelt sich die mangelnde Spiritualität des Menschen mannigfaltig in unserem gelebten System wider. Als ehemaliger Wirtschaftsabsolvent war ich früher selbst ein Verfechter der Globalisierung. Ich war Befürworter der kapitalistischen Arbeitsmarkt-Politik sowie der Erschließung neuer Märkte. Der Leitsatz war: Expansion und Wirtschaftswachstum als Motor für eine sichere Zukunft und ein glückliches Leben für jeden. Ich wurde jedoch eines Besseren belehrt. Haben Sie sich einmal gefragt, auf welchen Glaubenssätzen unsere heutige Gesellschaft aufgebaut ist?

- Geld macht glücklich und gibt Sicherheit.
- Mein Verdienst repräsentiert, wer und was ich bin.
- Es ist wichtig, wie ich aussehe.
- Mein Wert wird durch meine Karriere bestimmt.
- Ich will alles, jetzt und billig.
- Vertrauen ist gut, Kontrolle ist besser.
- Frau, stehe deinen Mann!
- Ich habe keine Zeit.
- Krankheit ist lästig.
- Gott? Wer?

Wir haben verlernt, auf das Wesentliche im Leben zu achten. Gehetzt eilen wir von Termin zu Termin, Glück dürfen wir im Shopping-Center beim Konsumieren erleben.
Ja, wir konsumieren. Tag für Tag. Die Verkaufsstrategen und multinationalen Firmen stellen sich im Grunde nur eine einzige zentrale Frage: Wie bekomme ich Menschen dazu, noch mehr zu konsumieren und ihr Geld auszugeben? Die Marketingstrategen schaffen Begierden. Begierden sind unerfüllte Wünsche. Wünsche schaffen im Unterbewusstsein des Menschen einen Mangel. Mangel führt zur Unzufriedenheit. Um diesen Mangel zu kompensieren, muss der Mensch sich möglichst viel Geld beschaffen, damit er sich das, was er unbedingt zu brauchen glaubt, leisten kann.

Unsere eigene innere Unruhe, unsere Unzufriedenheit im Geiste ist es, die so empfänglich für die Werbebotschaften macht, die glauben lässt, alles Mögliche zu „brauchen". Dies will natürlich bezahlt werden – in der Konsequenz ist noch mehr Leistung unter Druck nötig, um das eigene Ego zu befriedigen. Oft sind dabei unsere Kinder ein bisschen „im Weg". Erziehung ist alles andere als einfach. Doch „Gott sei Dank" gibt es dann Möglichkeiten, beide Elternteile schnell wieder in den Arbeitsalltag zu integrieren. Kinder verbringen viel Zeit zuerst in Kinderkrippen, Ganztags-Kindergärten oder bei Tagesmüttern. Später in der Schulzeit folgt das „Schlüsselkind"-Phänomen und der Computer ersetzt dann sehr oft reale Freundschaften.

Die Aggressivität bei den Kindern steigt aber; noch so viele Spielsachen können Eltern nicht ersetzen, nichts kann die gelebte Liebe, das Zusammensein mit und in der Familie ersetzen.

Dass dies ein direkter Weg in die Unzufriedenheit ist, lässt sich einfach veranschaulichen: Ich hatte einst meine Selbstsucht auf die Spitze getrieben und alles, was ich haben wollte, konsumiert. Geld war zur Genüge vorhanden. Wenn man aber alle seine Wünsche befriedigt hat, was bleibt dann übrig?

Gähnende Leere.
Was ist aus einem geworden?
Ein Konsument, ein unglücklicher Konsument.

Wir richten unsere Mentalebene allzu sehr auf Erwerb und Konsum aus. Beides macht uns aber unfrei. In weiterer Folge, über längeren Zeitraum betrieben, macht uns ein derartiges Leben krank, da es nicht den göttlichen Prinzipien entspricht. Auch die Sexualität wird heutzutage oft nur mehr konsumiert. Durch die Wandlung der Sexualität von einer tiefen seelischen Erfahrung zu einem kurzzeitigen Genussmittel ist aber auch hier etwas sehr Typisches für unsere Zeit eingekehrt: ein ewiges Verlangen, das nicht gestillt werden kann.

Wichtig ist, sich vor Augen zu halten, dass nicht die Dinge an sich „gut" oder „schlecht" sind. Sie können und sollen in Fülle leben. Es soll Ihnen gut gehen. Es geht vielmehr um die emotionalen Abhängigkeiten, die krank machen. Werden Sie frei! Alles, was Sie loslassen, kommt zum erleichterten Herzen zurück.

Es obliegt jedem Menschen, selbst zu entscheiden, ob sein jetziger Weg der richtige ist oder ob endlich die Zeit gekommen ist, etwas zu ändern. Keine Angst, diese Veränderungen sind auch langsam möglich, innerhalb meines als „sicher" empfundenen Rahmens: Schritt für Schritt werde ich in der Lage sein, mich zu befreien, loszulassen und meine Bestimmung wiederzufinden.

Fragen Sie sich:
Kenne ich meine Bestimmung? Nein? Dann wird es höchste Zeit, sich auf die Suche zu machen.
Wie? Dies werde ich in diesem Buch noch ausführlich beschreiben.

„Wenn du einen Menschen glücklich machen willst, dann füge nichts seinem Reichtum hinzu, sondern nimm ihm einige von seinen Wünschen."
Epikur von Samos (341 – 270 v. Chr.), griechischer Philosoph

Lektion Nummer 8:

Mein eigenes unstillbares Verlangen schafft Unfrieden.

Was Gott ist und will

Ein weiterer wichtiger Aspekt, den es zu verstehen gilt, ist die Verbundenheit des Ganzen, das Verständnis dessen, was Gott eigentlich ist. Wie schon vorher erwähnt, haben viele Glaubensrichtungen eine Trennung des Menschen von Gott gelehrt, ein so genanntes Überwesen geschaffen, welches von uns zwar ansprechbar, doch von uns entfernt ist. Etwas anderes zu behaupten, mag zwar in den Ohren konservativer Christen blasphemisch klingen, doch haben meine eigenen Gespräche mit Gott ein anderes Bild ergeben. Ich schließe mich also all den großen Vordenkern unserer Zeit an, die schon früh Folgendes erkannten: „Gott ist alles" und „alles ist Gott".

Gott ist Schöpfung und Schöpfer zugleich. Alles Sichtbare und Unsichtbare findet seinen Ursprung – wie jetzt auch die Quantenphysiker feststellen – in der Energie. Doch welche intelligente Kraft ordnet diese Energie? Im Grunde unterscheidet mich, den Schreibenden, und Sie, den Lesenden, sowie das, worauf Sie sitzen, in ihrem grundlegenden Aufbau nichts. Wir bestehen aus dem gleichen Urstoff oder besser der gleichen Urenergie. Eine intelligente Kraft hat jedoch dieser Energie auf grobstofflicher Ebene Form gegeben – der schöpferische Geist. Wir alle sind somit als geformte Energie ein Teil Gottes. So wie die aus Lehm geformte Statue immer noch Erde bleibt und deren gesamte molekulare Information in sich trägt, so verhält es sich mit uns Menschen. Die meisten Menschen sind sich dessen aber nicht mehr bewusst und schenken dem menschlichen Körper die ganze Aufmerksamkeit – mit all den Leidenschaften, Schmerzen und anderen starken Emotionen. Dabei wird der eigentliche Wesenskern vergessen; auch die schöpferische Kraft, die in jedem von uns steckt, da wir göttlich sind, geht dadurch verloren. Sie verschwindet ins Unbewusste und manifestiert sich im Außen, also in unserer Umgebung, scheinbar zufällig.

Wir bewundern und fürchten dann die Früchte unserer eigenen unbewussten Schöpfung.

Lektion Nummer 9:
Alles ist Gott, Gott ist alles,
ich werde mir meiner Göttlichkeit bewusst.

Sie erkennen schon, was eigentlich möglich ist. Es gibt keine Grenzen. Jeder von uns kann einem der großen Propheten, etwa Jesus Christus, nachfolgen: Jeder von uns kann diesen Weg gehen. Ein hoch gestecktes Ziel – doch klingt es schwieriger, als es eigentlich ist. Wir sprechen hier vom Baum der Erkenntnis, vom heiligen Gral, den es zu finden gilt, der *in uns* ruht. Was bedeutet das alles? Im Grunde leben wir in einer Scheinrealität: wie in einem Traum, den wir permanent träumen, ohne dass wir uns dessen bewusst sind. Dadurch unterliegen wir auch den Gesetzen des Traumes, obwohl wir selbst die Träumer sind. Unser eigenes Höheres Selbst erschafft durch Anweisung unseres Unterbewusstseins immer neue Aspekte in dem Traum, die wir dann brav bewältigen und als real empfinden. Im Grunde steht es aber jedem von uns frei, aus diesem Traum zu erwachen und das Ausmaß der Illusion zu erkennen. Wenn ich in die Rolle des Träumers zurückkehre und erkenne, dass ich derjenige bin, der seine eigene Realität erschafft, verändert sich alles. Ich erkenne, dass alles, was in meinem Traum geschieht, von mir mitgeschaffen wird.

Nun ist es aber so, dass wir nicht allein träumen, sondern einen kollektiven Traum leben. Und jeder Einzelne, der in Wirklichkeit nicht allein ist, da mit allem und jedem verbunden, lebt seine scheinbare Individualität nur in diesem Traum aus. Wir glauben nur, von allem getrennt und individuell zu sein. In Wirklichkeit ist alles eins. Ein Teil des Erwachens beinhaltet die Erkenntnis der Allverbundenheit mit allem und jedem, eben den göttlichen Aspekt.

Dies ist im Grunde auch der Schlüssel zum Akasha-Wissen[8], das über jeden alles offenbart und wiederum Gottes Allgegenwart und Allwissenheit widerspiegelt. Wenn Sie als Realist die Möglichkeit in Betracht ziehen, dass das, was Sie erleben, gar nicht real ist, sondern eigentlich nichts anderes als ein Traum – was tun Sie dann?

Können Sie so weiterleben wie bisher, wollen Sie weiterhin den Regeln eines Traumes unterliegen?
Wollen Sie nicht aufwachen?
Wollen Sie nicht wissen, was wirklich geschieht?

Sehen Sie dieses Buch wie die rote Pille im Kinofilm „Matrix". Es ist nichts anderes als ein Hilfsmittel zu Ihrer Bewusstwerdung. Sie haben aber die freie Wahl: Sie können dieses Buch zuklappen, verstauben lassen, die Übungen und Hinweise leserisch konsumieren und dann dieses scheinbare Buch in Ihr scheinbares Regal in Ihrem scheinbaren Haus zurückstellen und weiter glücklich die blaue Pille konsumieren und im Schein weiterleben. Es ist Ihr freier Wille, was Sie nun tun ...

Lektion Nummer 10:

Ich erschaffe mir meine Realität.

Um aus unserem Schein zu erwachen, gilt es, geistige Vorarbeit zu leisten. Wichtig ist zu verstehen, welche die Entwicklungsstufen der Schöpfung sind, wie unser „Lehrplan" aussieht.

Die erste Stufe ist die unbewusste Materie: die Berge, Flüsse und Täler, Steine, eben unsere Umwelt. Während all das lebt,

---

8 Als ***Akasha-Chronik*** *bezeichnet man eine Chronik oder ein „Buch des Lebens" im Jenseits beziehungsweise im übersinnlichen Bereich, das man sich als imaginäre allumfassende historische Bibliothek vorstellen kann, die in einer Geheimsprache abgefasst ist. Es gibt keine Beweise für die Existenz einer solchen Bibliothek. In der Vergangenheit gab es jedoch einzelne Personen, die behaupteten, sie könnten durch eine Art „Innere Schau" in dieser Bibliothek lesen; zu ihnen gehörte Rudolf Steiner.*

auch ein Teil des Ganzen und genauso göttlich wie wir selbst ist, fehlt es aber an Bewusstsein.

Die zweite Stufe ist die Pflanzenwelt, ausgestattet mit wunderbaren Fähigkeiten (einfachste Formen von Emotion). Doch es fehlt noch immer das Bewusstsein sowie das vegetative Nervensystem und die Möglichkeit, eine Vielfalt von Emotionen zu erleben.

Die dritte Stufe ist das Tierreich, auf welcher die niedrigen Instinkte und eine Vielfalt von Emotionen hinzukommen.

Die vierte Stufe ist der Mensch, der ein Bewusstsein und dadurch die Möglichkeit zur geistigen Weiterentwicklung bekommen hat. Auf dieser Stufe ist der Mensch aber noch sehr von Instinkten und Trieben bestimmt.

Die fünfte Stufe ist der schöpferische Mensch, der künstlerische Fähigkeiten für sich entdeckt hat, der in der Lage ist, aus dem Göttlichen zu schöpfen und Neues zu erschaffen. Hier beginnen auch die ersten medialen Fähigkeiten.

Die sechste Stufe ist der Mensch, der Prophet genannt wird, der sich seiner Göttlichkeit bewusst geworden ist und dadurch in Verbundenheit mit Gott das Wissen anwenden kann, sei es zur Heilung oder um als Sprachrohr Gottes zu fungieren.

Die siebente Stufe ist der Mensch, der das Göttliche in sich verwirklicht. Derjenige, der all sein Ego, seine menschliche Form, aufgibt und über den Schein hinauswächst und dadurch wieder zum Göttlichen wird. Dieser wird in manchen Kulturen auch als „Gottmensch" bezeichnet. Das ist die wahre Auferstehung, der Sinn der Kreuzigung. In Wahrheit wird bei der Kreuzigung nur eines gekreuzigt, nämlich das Ego, welches sich auflöst und reine göttliche Energie freisetzt. Auf der siebenten Stufe ist alles möglich; es gibt keine Einschränkungen mehr, man kann sinnbildlich „über das Wasser gehen". Gottmenschen werden oft Avatare genannt, wandelnde Verkörperungen Gottes auf Erden.

Gesegnet mit dem freien Willen, obliegt es aber uns zu entscheiden, in welchem Tempo wir den Weg gehen. Dafür haben wir unendlich viel Zeit. So ist auch die Wiedergeburt sehr real. Im Grunde befinden wir uns nach dem Tod in einer Art Wartezustand, bevor wir uns wieder inkarnieren, also wiedergeboren werden. Bitte vergessen Sie nicht, lieber Leser, dass in vielen Kulturen und Religionen die Wiedergeburt fest verankert ist und die Lehre von der Präexistenz der Seele, die ja Basis für die Wiedergeburt-Theorie ist, Bestandteil des frühchristlichen Glaubens war. Diese unter anderem vom umstrittenen Kirchenschriftsteller Origenes (185–253/254 n. Chr.) vertretene Auffassung wurde allerdings auf der Synode von Konstantinopel (543 n. Chr.) und später durch das fünfte ökumenische Konzil als Häresie verurteilt. Erwähnenswert ist auch, dass Origenes „von Horus stammend" bedeutet und auf ägyptische Herkunft schließen lässt. Dies ist vor allem deswegen interessant, da der Weg der Befreiung schon von den Ägyptern als Einweihungsweg gelehrt wurde. Da ich persönlich der Geschichtsschreibung nicht in jedem Punkt traue, sondern mich lieber auf persönliche Erfahrung verlasse, sei hier nur so viel gesagt: Durch die Arbeit mit den vielen Menschen in der aktiven Tätigkeit als Heiler habe ich gelernt, wie real die Wiedergeburt ist. Nicht nur die Wiedergeburt, sondern auch das Karma, also das spirituelle Konzept, wonach jede meiner physischen und geistigen Taten Folgen hat, sei es in diesem Leben oder im nächsten, ist sehr real.

Was ist Karma?

Alles, was ich aussende, kommt unweigerlich zu mir selbst zurück. Alle meine Handlungen verursachen Ergebnisse, die auf mich wirken – im Positiven wie im Negativen. Karma wirkt auch über den Tod hinaus und somit in die nächste Inkarnation. Dies bedeutet ein großes Maß an Selbstverantwortung. Kein „Mensch" kann mich erlösen oder abhängig machen, entscheidend ist einzig und allein, ob *ich selbst* an mir arbeite. Durch die Arbeit an mir verwirkliche ich Gott in mir, und Erlösung bzw. Auflösung des Karmas geschieht dann durch meine schöpferische Kraft. Wichtig ist auch, dass selbst eine vordergründig „schlechte" Tat eine gute Wirkung zur Folge haben kann, wenn die Beweggründe selbstlos und rein waren. Selbst wenn ich mich entscheide, nicht an mir zu arbeiten, gehört genau diese Entscheidung zum Lernprozess, da ich spätestens in der nächsten Inkarnation gelernt haben werde, dass Nichtstun nicht zum Ziel führt. Gott wartet dann nur auf uns, um durch uns verwirklicht zu werden. So halten wir sogar für längst vergangene Geschehnisse selbst die Zügel in der Hand und bestimmen, wohin das Leben uns führt. Karma erklärt nicht nur das Rätsel unverschuldeten Leids, sondern auch die gesellschaftlichen Ungleichheiten, die in der Welt herrschen.

Es ist nicht erforderlich, karmische Verstrickungen durch Rückführung in der Vergangenheit zu suchen, wenn ich anhand des Spiegelgesetzes im Außen meine Emotionen wiedererkenne und sukzessive auflöse. Getragen durch die liebevolle Führung Gottes, durch das Vertrauen auf die innere Stimme des Höheren Selbst, führt dann der Weg heraus aus dem Schein. Wir erwachen.

Doch müssen wir den physischen Tod fürchten? Ist dies wahrlich das Ende? Was geschieht nun genau nach dem Tode?

Das Leben nach dem Tod

In unserer Arbeit werden wir sehr oft mit dem Thema Tod konfrontiert. Dadurch haben meine Frau und ich im Laufe der Zeit ein gutes Verständnis für die Prozesse gewonnen. Der Tod ist eine Entwicklung, die in Phasen verläuft:

Der physische Tod – eine feinstoffliche Geburt
In diesem Umwandlungsprozess verlässt der feinstoffliche Körper den physischen Körper[9] und wird Teil einer neuen Realität, der feinstofflichen Welt. Auch diese ist, wenn sich das dritte Auge bei einem Menschen geöffnet hat, wahrnehmbar. Welche sind nun die Eigenschaften der feinstofflichen Welt? Im Grunde existiert auf dieser feinstofflichen Ebene all das, was wir glauben, dass es dort zu existieren hat. Es ist die Manifestationsebene. Wenn ich also an einen Himmel und eine Hölle glaube und aus tiefer Emotion heraus glaube, dass das eine oder andere für mich zutrifft, werde ich auch nach dem Tod in genau dieser jeweiligen Realität landen. Es reicht nicht, wenn Sie zum Beispiel „hoffen", in einer Art Himmel zu landen, dabei aber „Angst" vor einer Hölle haben. Wenn die Angst die stärkere Emotion ist und die „Himmelshoffnung" nur vom Verstand getragen wurde, wird sich eine Art Hölle für Sie manifestieren. Dies geschieht so lange, bis Sie Ihre Vorstellung aufgegeben haben. Ein Mensch, der glücklich ein selbstverwirklichtes Leben gelebt hat, wird bei Glauben an einen Himmel genau diesen für eine gewisse Zeit erleben. Unsere unbewussten Emotionen sind ein wichtiger Schlüssel für diese Reise. Auf der Manifestationsebene sind unsere Gedanken formgebender Faktor und unsere eigene göttliche schöpferische Kraft ist voll aktiv. Diese ist jedoch ungeschult – wenn ich mich im grobstofflichen Leben

---

9 Vgl. hierzu: Lotte Ingrisch: *Reiseführer ins Jenseits*. Goldmann Verlag. München 2000, und Elisabeth Kübler-Ross: *Über den Tod und das Leben danach*. Silberschnur Verlag. Güllesheim 2005.

nicht darauf vorbereitet habe. Der Aufenthalt in dieser Manifestationsebene, in welcher der eigene Wille zur Realität wird, geht so lange vonstatten, bis meine Seele die emotionalen Themen aufgearbeitet, also Ängste, Zweifel und sonstige mitgenommene Themen losgelassen hat. Die Dauer des Aufenthaltes hängt direkt mit dem Bewusstseinszustand der Seele zusammen. Auf der als am unangenehmsten empfundenen Ebene halten sich diejenigen Seelen auf, die anderen mit *Absicht* Schaden zugefügt haben. Gleichsam in ihren eigenen Emotionen gefangen, erleben sie die Ängste und Aggressionen, die sie anderen zugefügt haben – so lange, bis als Gegenpol das Gefühl der Reue in ihnen entsteht. Dasselbe gilt in Bezug auf zu Lebzeiten vorhandene Süchte, welche sich in der Seele immer und immer wieder manifestieren, so lange, bis sie sich davon lösen kann. Es kann sich hierbei auch um Anhaftungen an materielle Güter handeln. Wir sehen aber schon, dass jede Form von falscher Bindung zwangsläufig zu einem Reinigungsprozess im Jenseits, auf feinstofflicher Ebene führt. In meiner Kommunikation mit Gott wurde ich einmal auf diese erste feinstoffliche Ebene, einen Ort der Reinigung, geführt. Wie schon gesagt, diese Orte unterscheiden sich je nach Glaubensrichtung und den Vorstellungen, die die Verstorbenen haben. Ich möchte Ihnen diese Bilder nicht vorenthalten:

Als ich eine dieser niederen Ebenen betrat, war ich sehr überrascht, dass es sich um eine kleine Hafenstadt mit im englischen Baustil gehaltenen Gebäuden handelte. Ein Engel wies mich an, meinen Freund zu suchen, der sich hier aufhalten sollte. Ich folgte den konkreten Anweisungen und ging zu einer Kirche, wo ich schon von zwei Helfern erwartet wurde – Priestern, die mir den Weg durch eine große Tür in den hinteren Bereich der Kirche wiesen. Als ich den dahinterliegenden Raum betrat, war ich tief bewegt. Ich sah eine Lagerhalle, voll gefüllt mit allem, was wir aus dem realen Leben kennen. Kleidung, Nahrungsmittel, Spielsachen, Luxusartikel und vieles mehr türmten sich meterhoch in den Regalen. In den unzähligen Gängen befanden sich Seelen, die menschliche Form angenommen hatten. Mit verzerrten Gesichtern versuchten sie gierig, sich einzukleiden und so viel wie möglich zusammenzuraffen. Ebenfalls anwesend waren Priester, die zwar bei der Konsum-Orgie nicht direkt mitmachten, aber trotzdem Teil des ganzen Schauspiels waren und scheinbar gleichgültig alles beobachteten. Hier sollte ich also meinen Freund finden. Als ich bei einem Mann vorbeikam, der vor einem riesigen Regal voller Kleidung und Schuhe eines namhaften Herstellers saß, griff ich nach einem Kleidungsstück, voller Verwunderung ob des hier Geschehenden. Schnell fasste der Mann meinen Arm und sagte nur, ich könne es nicht einfach so nehmen, denn „alles kostet ja etwas", und ich müsse dafür auch etwas tun. Selbst der Glaube, dass alles etwas „kostet", hatte sich hier manifestiert. Ich ging also weiter und fand schließlich meinen Freund, der mich gleich wissen ließ, dass er hier bleiben wolle, da dieser Ort ja alles böte und es sowieso keinen Ausweg aus diesen Hallen gebe. Ich nutzte die Gelegenheit, um zumindest einige Seelen, die offensichtlich lang genug in ihren eigenen Vorstellungen gefangen waren, durch eine symbolische Geste von etwas Neuem zu überzeugen. Ich riss die Kleidung, die ich trug, von mir, warf sie auf den Boden und schrie laut in die Menge, dass nur eines zählen würde, ihre Hingabe an Gott, und nicht die Hingabe an die Dinge, dass sie lernen müssten loszulassen. Einige der Anwesenden begriffen und verließen den Raum durch eine sich öffnende Tür, die die anderen nicht wahrnehmen konnten. Sie waren offensichtlich bereit, ihre Anhaftungen loszulassen und auf die nächste Ebene zu wechseln.

Sie, lieber Leser, erkennen vielleicht schon, warum es wichtig ist, falsche Bindungen aufzulösen. Selbst nach dem Tod holen uns unsere Begierden ein. Wie schon im letzten Kapitel erwähnt, geht es nicht darum, die Dinge nicht zu genießen, sondern nur darum, emotionale Bindungen abzubauen. Dies führt Sie zu folgendem Bewusstseinszustand:

- *Sie verfügen über alles.*
- *Sie besitzen nichts.*

Sie leben also im schönsten Haus, doch Sie wissen, es ist nur geliehen. Es gehört uns nichts. Wir sind nackt auf die Welt gekommen und werden auch so wieder gehen. Wieso sich also mit starken Emotionen an Dinge binden? Sie werden nur unfrei. Doch vergessen Sie niemals: „Himmel und Hölle" sind keine realen Örtlichkeiten, sondern rein geistige Entwicklungszustände der Seele.

„Der Tod, lieber Freund, ist für jeden wie er selbst. Für einen Freund ist er ein Freund und für einen Feind ein Feind. Ob du, der vor dem Tode Angst hat, während du davonläufst, mache dir klar, dass du selbst die Ursache dieser Angst bist. Es ist dein eigenes hässliches Antlitz, nicht das des Todes. Deine Seele ist wie ein Baum, und seine Blätter, das ist der Tod. Wenn du der Dornen überdrüssig bist, musst du sie veredeln; und wenn du in feinster Seide gehst, so hast du selbst sie gesponnen." [10]

Im Grunde geht es beim Sterben um einen Prozess des Erwachens, ein Bewusstwerden im Jenseits, ein Erkennen der feinstofflichen Welt. Ein Erfahren, dass wir alle Schöpfer unserer eigenen Realität und göttlich sind. Wie gut wäre es, wenn wir diese Lektion schon während unseres Lebens gelernt hätten! Ist dieser Erkenntnisschritt auf der feinstofflichen Ebene vollzogen, kommt es zum nochmaligen „Sterben".

Der zweite Tod – Eintritt in die Kausalwelt
In diesem Umwandlungsprozess kommt es zum Ablegen des feinstofflichen Körpers, um auf die nächste Ebene zu wechseln – die Kausalwelt. Dies entspricht einem Einswerden mit Gott, einem Integrieren aller gemachten Seelen-Erfahrungen – sowohl auf der physischen als auch auf der astralen feinstofflichen Ebene – in die eigene neue Seinsform. Man ist zwar wieder eins mit der allumfassenden Energie, hat auch alle göttlichen Informationen zur Verfügung, doch gibt es auch hier wiederum zwei Wege. Diejenigen, die in der Lage waren, auf physischer Ebene, also schon im irdischen Leben, im völligen Einklang mit der

---

10   Der Prophet der Liebe: Das Matnawi. Zweiter Band. Buch III und IV Bd. 2. Verlag Kaveh Dalir Azar. Köln 2000.

göttlichen Liebe und Selbstlosigkeit zu leben, werden ihr Bewusstsein als Teil des Ganzen auf dieser hoch schwingenden Ebene halten. Diejenigen, die dies nicht erfahren haben, tragen noch eine innere Spannung durch die unzureichende Erfahrung, also eine Polarität, in sich. Durch diese innere Spannung entsteht auch der Wunsch, diese Erfahrung weiter zu vervollständigen, und der Kausalkörper baut sich wieder einen Emotionalkörper auf astraler feinstofflicher Ebene auf, der dann bereit ist, zur richtigen Zeit, am richtigen Ort wiedergeboren zu werden. Es gibt daher niemals einen falschen Ort oder die falsche Zeit, sondern vielmehr den perfekten Ort, um seine Erfahrungen zu machen. Dieser Ort ist durch meine vergangenen Handlungen bestimmt. Dies wird später genauer erläutert.

Warum geschieht dies nun? Der Grund hierfür ist einfach: damit wir lernen. Wir selbst entscheiden, wie lange wir gewisse Dinge erleben oder erdulden müssen. Was von Inkarnation zu Inkarnation bleibt, ist großes *ethisches Empfinden*. Dieses gilt es, in jeder Inkarnation zu erfahren und zu erlernen, weg von Instinkten und Trieben, hin zur Verfeinerung und Erhebung unseres Geistes. Das ist auch der Grund, warum z. B. manche Kinder mit Freude Tiere quälen, während andere weinend danebensitzen. Wir haben jedoch nicht das Recht, andere für ihre Taten zu verurteilen. Jeder von uns hat genug Themen aufzuarbeiten, als dass wir Steine auf einen anderen Lernenden werfen dürften.

Alle Taten, die heute begangen werden und in der Vergangenheit begangen wurden, spiegeln den Bewusstseinsgrad des „Täters" wider. Vergessen wir niemals, dass der einzige Grund, warum Sie, lieber Leser, gewisse Dinge heute nicht tun würden, der ist, dass Sie die Erfahrung irgendwann schon einmal gemacht haben. Darum werfen Sie niemals einen Stein auf einen Mitmenschen. Es wäre so, als ob ein Schüler der dritten Klasse einen der zweiten dafür schlüge, in der zweiten Klasse zu sein.

Viel wichtiger ist, das Gute im anderen zu sehen und an den eigenen Fehlern zu arbeiten. Dies ist eine Grundhaltung, welche Sie aktiv einnehmen sollten. Jedes Mal, wenn Sie ansetzen, über einen anderen Menschen schlecht zu reden, visualisieren Sie, wie Jesus Christus oder eine andere Verkörperung Gottes anstelle dieser Person dort steht. Dann schweigen Sie.

„*Jesus aber ging zum Ölberg. Am frühen Morgen begab er sich wieder in den Tempel. Alles Volk kam zu ihm. Er setzte sich und lehrte es. Da brachten die Schriftgelehrten und die Pharisäer eine Frau, die beim Ehebruch ertappt worden war. Sie stellten sie in die Mitte und sagten zu ihm: Meister, diese Frau wurde beim Ehebruch auf frischer Tat ertappt. Mose hat uns im Gesetz vorgeschrieben, solche Frauen zu steinigen. Nun, was sagst du? Mit dieser Frage wollten sie ihn auf die Probe stellen, um einen Grund zu haben, ihn zu verklagen. Jesus aber bückte sich und schrieb mit dem Finger auf die Erde. Als sie hartnäckig weiterfragten, richtete er sich auf und sagte zu ihnen: Wer von euch ohne Sünde ist, werfe als Erster einen Stein auf sie. Und er bückte sich wieder und schrieb auf die Erde. Als sie seine Antwort gehört hatten, ging einer nach dem anderen fort, zuerst die Ältesten. Jesus blieb allein zurück mit der Frau, die noch in der Mitte stand. Er richtete sich auf und sagte zu ihr: Frau, wo sind sie geblieben? Hat dich keiner verurteilt? Sie antwortete: Keiner, Herr. Da sagte Jesus zu ihr: Auch ich verurteile dich nicht. Geh und sündige von jetzt an nicht mehr!*"[11]

Lektion Nummer 11:

Ich sehe das Gute in anderen und arbeite an meinen eigenen Fehlern.

---

11   Johannes-Evangelium 8,1-11.

Das Spiegelgesetz

Eines der wichtigsten, den Weg der Befreiung begleitenden Gesetze ist das Spiegelgesetz. Es besagt, dass alles, was im Außen geschieht, eine Reflexion meines inneren Seinszustandes ist. Im ersten Moment mag dies unglaublich klingen, doch bei kritischer Überprüfung werden Sie bald erkennen, dass auf jede Ihrer Emotionen unweigerlich eine Reaktion im Außen folgt. Im Grunde bestimmen meine eigenen Emotionen, wie meine Realität um mich herum aussieht. Wenn Sie, lieber Leser, sich entschließen, die in diesem Buch beschriebenen Übungen zu versuchen, wird es zu großen Veränderungen in Ihrem Leben kommen. Diese Veränderungen machen nicht Halt vor Themen wie Gesundheit, Geld, Freundschaften, Liebe usw. Es sind also alle wesentlichen Bereiche des Lebens positiv betroffen. Im Grunde kommt es zu einer Neuordnung der Realität im Außen, da eine Neuordnung im Inneren geschieht. Vertrauen Sie einfach! Es wird Zeit, dass das Spiegelgesetz *für* Sie und nicht mehr unbewusst gegen Sie arbeitet.

Das Spiegelgesetz ist eines der wichtigsten Regulative der Schöpfung und dient unserer eigenen Weiterentwicklung. Ohne dieses Gesetz würden wir stagnieren. Der Motor, der uns zu Veränderung und Weiterentwicklung antreibt, ist einerseits die **Neugier**, aber großenteils der **Schmerz**. Der Mensch an sich ist träge und undiszipliniert, scheut Veränderungen und würde ungestört so dahinleben, wenn es nicht Mechanismen gäbe, die ihn zum Umdenken zwingen würden. Ein solcher Mechanismus ist das Spiegelgesetz.

Machen Sie sich bewusst, dass alles, was Sie im Außen ganz besonders stört, eine Reflexion des Inneren ist und nur mit Ihnen zu tun hat. Ja, dies klingt hart, und auch in unseren Kursen trifft dieses Faktum bei den Schülern auf sehr starken Widerstand. Lesen Sie zuerst weiter, bevor Sie sich ein Urteil bilden!

Wie kommt es nun, dass wir in bestimmten Situationen so heftig reagieren oder andere Menschen verurteilen?

Es gibt zwei Möglichkeiten:

1. Das verletzte innere Kind: Es gibt Ereignisse, die Sie sehr verletzt haben, die Sie aber im Sinne des Verzeihens nicht aufgearbeitet haben. Diese Ereignisse wurden unweigerlich in das Unbewusste verdrängt. Im Grunde wissen Sie nicht, dass diese Themen eigentlich noch da sind. Sie sind sogar vollkommen davon überzeugt, dass sie längst erledigt seien. Doch all diese im Unbewussten gespeicherten Ereignisse kommen unweigerlich als Reflexion immer und immer wieder zu Ihnen zurück – so lange, bis der Verarbeitungsprozess, also das Verzeihen, stattgefunden hat. Wenn Sie nun sagen, „das Geschehene kann ich niemals verzeihen", ist dies Ihre freie Wahl, jedoch sollten Sie sich dessen bewusst sein, dass dann die Verletzung in Form von Resonanzen im Außen immer und immer wiederkehren wird. Ein Beispiel hierzu:

Eine Hilfesuchende, der sehr viel Schlimmes in ihrem Leben widerfahren war, erzählte ihre Geschichte. Als Kind wurde ihr sehr oft von ihren Eltern gesagt, dass sie nichts wert und eigentlich unfähig für viele Dinge des Lebens sei. Da das Gehirn des Menschen sehr stark auf Wiederholungen von Glaubenssätzen reagiert, war es nur eine Frage der Zeit, bis diese Affirmation für die Frau zur Realität wurde. Irgendwann war sie tatsächlich überzeugt, unfähig zu sein, fühlte sich verunsichert, ihr Selbstwert hatte stark gelitten. Dieser Umstand führte dazu, dass dieser Glaubenssatz und die damit verbundene Emotion im Außen zur Wahrheit wurden. Das Selbstbewusstsein litt noch mehr, sie „wusste", dass sie eigentlich „minderwertig" war; alles mit dem Thema Selbstwert Verbundene schmerzte. Als erwachsene Frau wunderte sie sich, dass sie immer auf Menschen traf, die in irgendeiner Form ihren Selbstwert untergruben. Einmal war sie mit einem Firmenchef konfrontiert, der sie sehr respektlos behandelte. Sie war zutiefst betroffen und erzählte das Geschehene all ihren Freunden. Sie beklag-

te sich, wie „es solche Menschen überhaupt geben kann". Die Frau entschied sich, die Firma zu wechseln, doch in der neuen Firma traf sie eine Kollegin, die es liebte, sie vor allen anderen bloßzustellen. Bei Freunden erklärte sie nun frustriert, dass in ihrem Leben wirklich alles schiefging und eigentlich hätten ihre Eltern doch Recht gehabt. So blieb sie unfähig.

Der Dame in unserem Beispiel wurden ihre Verletzungen durch die eigene unbewusste schöpferische Kraft im Außen permanent widergespiegelt. Sie wusste nicht um das Spiegelgesetz. In ihrer Realität gab es nur zwei Schuldige – sie selbst, da sie „so unfähig" war, und die Mitmenschen, die ja keine Menschlichkeit besaßen. Man kann natürlich versuchen, sich seinen „Prüfungen", den Spiegelungen, zu entziehen, doch sie kommen unweigerlich wieder, bis das dahinterliegende Thema aufgelöst wird.

Der Schlüssel zur Auflösung dieser immer wiederkehrenden Reflexionen liegt im **Erkennen und im Verzeihen**, dem Aufarbeiten der problematischen Situation in der Kindheit. Die Seele, unser göttlicher Kern, strebt nach göttlicher Ordnung, nach Aufrichtung, und wird ihre schöpferische Kraft dafür verwenden, uns ein perfektes Umfeld zu schaffen, damit wir dies auch tun. Falls notwendig, bedeutet dieses perfekte Umfeld Leid. Denn sehr oft ist es der Schmerz, der uns zum Handeln zwingt oder in der Folge krank werden lässt. Es ist nicht „Gottes Strafe", die uns hier zuteil wird; vielmehr sind Resonanzen meterhohe Hinweisschilder, die uns helfen sollen, uns zu verändern. Die Dame in unserem Beispiel tat dies:

Sie veränderte sich. Sie anerkannte, dass es ihre eigene Vergangenheit war, die sie noch immer quälte. All die Verurteilungen, die sie über andere Menschen gesprochen hatte, waren Urteile, die sie selbst als Kind hatte ertragen müssen. Sie erkannte, dass sie in der Kindheit unter Liebesentzug gelitten hatte, und durchlebte aufgrund dieser Erkenntnis eine Vielzahl von Gefühlen. Diese reichten von Schuldgefühlen und Trauer bis hin zu Wut. Schon bald erkannte sie ihre eigene Schönheit. Sie hatte emotional durch die Arbeit, die auch in diesem Buch später beschrieben wird, ihren eigenen Selbstwert wiedergefunden. Als ihr Selbstbewusstsein zurückgekehrt war, hörten die Resonanzen auf zu wirken. Alles veränderte sich. Ihre Beziehung zu den Mitmenschen, ihre Arbeit und vieles mehr. Sie strahlte „Glück" aus – und durch das Spiegelgesetz empfing sie: Glück!

2. Nicht integrierte Schattenseiten: Ein weiterer großer Resonanzfaktor sind nicht integrierte Schattenseiten. Dies lässt sich am besten an einem Beispiel veranschaulichen:

Eines Tages kam ein Hilfesuchender zu uns, der unter der „Schlechtigkeit" der Mitmenschen litt. Auf die Frage nach einem Beispiel sprach er von Hooligans. Er konnte nicht verstehen, dass diese Menschen „so schlecht" sein konnten. Dass diese Schläger auf unbeteiligte Menschen losgingen und brutale Gewalt einsetzten; diese Gruppen seien ein Auffangbecken für das Schlechte in der Welt. Er litt sehr darunter und bezeichnete sich selbst als harmoniebedürftig und friedliebend.

Dieser Mann erlebte starke Gefühle, wenn er mit einem Thema konfrontiert wurde – „Aggression". Irgendetwas musste in seinem Leben geschehen sein, das dazu geführt hatte, dass er Aggression „hasste" und für sich selbst nicht zulassen konnte. Während seine Ausführungen – die Verachtung von Gewalt etc. – an sich schlüssig klingen, reagiert der Mann in unserem Beispiel trotzdem über das normale Maß hinaus, er „leidet" und verachtet die Aggression. Verachtung ist aber eine sehr starke Emotion, die sich wiederum im Außen spiegeln wird. Doch wie kommt es dazu?

Der Mann konnte seine eigene Aggression, die ja in seinen Augen „an sich" schlecht war, ebenfalls nicht leben. Sie wurde unterdrückt und stellte nun eine nicht integrierte, eigene Schattenseite dar, die immer und immer wieder im Außen widergespiegelt wurde. So lange, bis er Frieden mit seiner eigenen Aggression schloss. Hier half ein wiederholtes **aktives Bejahen.** „Ja, ich liebe meine Aggression." „Meine Aggression ist meine Stärke." Emotionen sind erst dann zerstörerisch, wenn sie aufgestaut und plötzlich ausgelebt werden. Es fehlt dann das natürliche Regulativ. Aggression an sich ist weder positiv noch negativ, sie ist – wie alles in der Schöpfung – neutral. Die jeweilige Anwendung entscheidet bzw. erzeugt die Polaritäten. Für einen Mann ist es wichtig, die positive männliche Aggressivität zu integrieren, denn diese führt zu Selbstsicherheit und Stärke. Erst negativ angewandt wird Aggressivität verletzend.

Der Mann aus unserem Beispiel hatte genau dieses Problem. In der Kindheit hatte er Aggressivität des Vaters erlebt und dadurch die Erfahrung gemacht, dass Aggression schlecht sei. Er hatte „negativ angewandte Aggression" erlebt, gleichzeitig aber den positiven Aspekt der Aggression nie erkannt. So wurde das ganze Thema zu einer unterdrückten Schattenseite. Er hasste seine eigene Aggression und bekämpfte diese. Doch dieser Hass war selbst Aggression und konnte zu keiner Lösung führen. Sein Unterbewusstes nutzte seine schöpferische Kraft und brachte ihn immer und immer wieder in Situationen, in denen er mit diesem Thema konfrontiert wurde. Daher durchlebte er auch solche starken Emotionen, wenn er an „Schläger" dachte – für ihn der Inbegriff von Aggression. Als der Mann anfing, seine eigene Aggression zu bejahen, sie wieder anzunehmen und auch die positiven Aspekte der Emotion für sich zuzulassen, hörten diese Resonanzen auf zu wirken. Er wurde frei und sein Leben veränderte sich.

Sowohl das verletzte innere Kind als auch die nicht integrierten Schattenseiten bestimmen unser Leben in Form von Resonanzen. Fragen Sie sich doch einmal, wer alles in Ihrem Leben Resonanzen in Ihnen erzeugt. Dann werden Sie bemerken, was Sie alles aufzuarbeiten haben. Dies ist wichtig, machen Sie sich auf die Suche – Ihr Leben wird sich grundlegend verändern. Welchen Weg Sie wählen, ist eigentlich Nebensache, viel wichtiger ist, dass Sie die Entscheidung treffen, es zu tun. Nehmen Sie sich genau jetzt *eine Minute* und fragen Sie sich: Bin ich bereit, über meine Resonanzen nachzudenken, sie zu beobachten, um sie dann aufzulösen? Wenn Sie jetzt spüren, dass Sie das wirklich tun wollen, wird Ihnen Gott sofort dabei helfen, den richtigen Weg zu finden. Sehr gute Möglichkeiten und praktische Anwendungen finden Sie später in diesem Buch.

Lektion Nummer 12:
*Die Dinge, die mich am meisten bewegen,
sind Reflexionen meiner selbst –
ich werde heil durch Vergebung und Bejahung.*

„Der Herr ist geduldig und von großer Barmherzigkeit und vergibt Missetat und Übertretung, aber er lässt niemand ungestraft, sondern sucht heim die Missetat der Väter an den Kindern bis ins dritte und vierte Glied."

2. Mose 34,6-7

Dieses Bibelzitat klingt nach einem strafenden personifizierten Gott, was so natürlich nicht stimmt. Gott selbst offenbart sich durch seine bedingungslose Liebe in uns. Wir selbst sind es, die mit Hilfe unseres göttlichen, schöpferischen Aspekts aufgrund unseres eigenen Egos uns selbst Leid zufügen. Jedes Thema, das von den niederen Emotionen getragen ist, wird sich zwangsläufig gegen uns selbst richten. Durch die uns alle umgebenden morphogenetischen Felder interagieren wir aber mit unseren Mitmenschen und übertragen Informationen. Morphogenetische Felder wurden vom britischen Biologen Rupert Sheldrake entdeckt. Er beschrieb diese als ein nicht näher definiertes hypothetisches biologisches (und potenziell gesellschaftliches) Feld, welches für „formbildende Verursachung" verantwortlich sein könnte. In der praktischen Anwendung manifestieren sich diese Felder besonders in der systemischen Familienaufstellung. Ganz besonders stark wirkt diese morphische Verbindung bei Personen der Blutlinie beziehungsweise Personen, mit denen wir emotional verbunden sind. So werden Themen, die ich in mir trage, weitergegeben – an meine Kinder, dann weiter an meine Kindeskinder. Der Grund ist einfach: Kinder übernehmen die emotionale Matrix ihrer Eltern, die Information wird in ihrem Zellbewusstsein gespeichert. Die Eltern dienen sozusagen als emotionales Vorbild. Hier nun ein Beispiel:

Der lang gehegte Kinderwunsch eines Ehepaars geht endlich in Erfüllung, die Frau bringt eine Tochter auf die Welt. Der Vater verkörpert jedoch den männlichen Pol über das natürliche Maß hinaus und lebt negative Aggression in seiner Familie aus. Er schlägt seine Frau und auch das Kind. Er züchtigt die Familie und ist herrisch. Er lebt den Archetyp des „Tyrannen" in der Familie. Die Tochter orientiert sich an den Eltern, spürt die gelebte Aggression und empfindet diese als „schlecht". Hier beginnt die Verstrickung: Schon in jungen Jahren wird durch die morphogenetischen Felder die Information zum Thema Aggression auf das Kind übertragen. Das Kind wird diese Information beurteilen und subjektiv Aggression als schlecht empfinden. Durch diesen Prozess wird nun die Aggression ins Unterbewusste als nicht integrierte Schattenseite verdrängt, das Kind wächst auf mit dem emotionalen Empfinden von Aggression als etwas Schlechtem. In der Folge wird das Kind die Aggression extrem unterdrücken, selbst aber aggressive Ausbrüche erleben, die es dann nicht imstande ist, im Zaum zu halten. Während sich das Kind, das nun zur Frau herangewachsen ist, schwört, nie so werden zu wollen wie der eigene Vater, offenbaren sich dennoch die Charakterzüge des Vaters.

In unserem Beispiel sehen wir die Entstehung einer emotionalen Matrix, die über Generationen hinweg wirken würde, wenn niemand in der Familie die Kette von Emotionen durchbräche. Meistens wirken diese Informationen in den Familienfeldern bis in die dritte Generation, bis die Information so verwässert ist, dass es leichter fällt, sie aufzulösen. Doch in welcher Verbindung steht die Information der vorherigen Inkarnation zu der weiteren Beeinflussung durch morphogenetische Felder z. B. in der Familie? Vergessen Sie nicht, dass die aus der Kausalwelt kommende Seele vor dem Empfängnispunkt alle Informationen zur Verfügung hat. Die Seele weiß genau, wer für die eigene Aufgabe der ideale Vater oder die ideale Mutter ist. Die Seele erkennt ihre Lehrmeister und wählt sich das perfekte Umfeld für die eigene Entwicklung. Nach der Empfängnis beginnen die morphogenetischen Felder zu wirken und die Informationsübertragung vom Familienverband zum Kind setzt ein. Das Wissen um die vorherige Inkarnation oder die Ursprungsaufgabe gehen verloren. Die Lösung liegt nun darin zu erkennen, warum ich bin, wie ich bin, um danach aktiv an dem Thema zu arbeiten. Hier leisten die Geistheilung sowie das Familienstellen großartige Arbeit. Gehen Sie jedoch nur zu einem Heiler, der die nötige Empathie entwickelt hat und nicht nach z. B. starren Aufstellungsschemen arbeitet. In jedem Fall sollten Sie, lieber Leser, sich genau jetzt über folgende Fragen Gedanken machen:

- Habe ich mich als Kind von meiner Mutter *bedingungslos* geliebt gefühlt?
- Habe ich mich als Kind von meinem Vater *bedingungslos* geliebt gefühlt?
- Empfinde ich meine Eltern als einen Hafen der Sicherheit?

Wichtig ist, diese Fragen nicht vom Kopf her zu beantworten – in der Art „Ja, meine Eltern haben immer für mich gesorgt". Dies mag schon sein, beantwortet aber nicht das eigene subjektive Empfinden, ob ich mich bedingungslos geliebt gefühlt habe. Dieses Gefühl ist jedoch von größter Wichtigkeit.

Falls Sie eine der Fragen mit Nein beantworten, sollten Sie sich auf die emotionale Suche begeben, welche Gefühle beide Elternteile in Ihnen auslösen, welches „verletzte innere Kind" es in Ihnen gibt und welche „nicht integrierten Schattenseiten" durch die Eltern in Ihnen entstanden sind. Wichtig ist, selbst emotional auf einen Punkt zu kommen, bei welchem die Eltern keine negativen Resonanzen mehr auslösen – dann ist man wahrlich ausgeheilt. Selbst in vom Betroffenen subjektiv als schlimm empfundenen familiären Erlebnissen kann man am Ende an den Punkt gelangen, an dem man seinen Eltern den Respekt dafür zollt, nur durch sie überhaupt am Leben zu sein. Interessanterweise wirken unaufgelöste Themen mit den Eltern weiter, egal wie alt man ist. Menschen sind geradezu angetrieben von diesen Themen. Sehr oft, wenn durch das Fehlen der

Erfahrung von bedingungsloser Liebe Verstrickungen entstehen, werden diese Menschen zum Beispiel vom Karrieredrang angetrieben, um dadurch endlich zu „Wert" – nämlich „Selbstwert" – zu kommen. Im Grunde ist es aber die Suche nach etwas oder jemandem, der sagt: „Das hast du gut gemacht", was dann für ihn so viel bedeutet wie „Ich habe dich lieb". Die Suche nach der bedingungslosen Liebe ist letztlich die Suche nach Gott; auch jede Sucht ist eine Suche nach Gott. Wir haben es immer mit der Suche nach einem nicht offenbarten Teil in uns selbst, der göttlichen Liebe, zu tun.

Der Weg zur Erleuchtung führt direkt über diesen Weg, hier gibt es keine Abkürzung. Wir sind auf der Welt, um unser Ego langsam, aber sicher aufzulösen, um dann wieder eins mit Gott zu werden.

„Mensch minus Ego ist Gott."

Sathya Sai Baba

Lektion Nummer 13:

*Ich lebe nur durch meine Eltern,
meine Eltern sind immer in mir.*

Zerstörung unseres Lebensraumes

Die Blindheit des Menschen, das Klammern an seinen Körper, das Konsumverhalten und das tägliche Funktionieren haben den Menschen der Wohlstandsgesellschaft in körperliche und seelische Abhängigkeit und Krankheit getrieben. Die zentralen Fragen, um die es in Ihrem Leben gehen sollte, lauten:

- Sind Sie glücklich? – Damit meine ich nicht Ihre finanzielle Absicherung. Sind Sie *glücklich*?
- Leben Sie Ihre Träume?
- Glauben Sie an die wahre Liebe?

Vermutlich werden Sie nicht alle Fragen mit „Ja" beantworten können. Es ist leider so, dass der Verlust der wahren Ziele des Menschen, nämlich der Verwirklichung Gottes in uns und des Auflösens unserer belastenden Emotionen, dazu geführt hat, den Liebesmangel in uns durch Konsum zu kompensieren. Nicht umsonst fallen die Werbebotschaften auf so fruchtbaren Boden. Durch unser übermäßiges Konsumverhalten, durch die Verschwendung unserer Ressourcen leidet nicht nur die Umwelt, sondern auch unsere Familie.

Sie fragen sich gerade – wieso die Familie?

Kinder, die auf die Welt kommen, sehnen sich nur nach einem. Nein, nicht nach der Spielkonsole, sondern rein nach der bedingungslosen Liebe der Eltern. Zeit mit den Eltern ist das Wichtigste, was man seinem Kind schenken kann. Doch wer hat noch diese Zeit? Für Mütter und Väter werden Systeme geschaffen, damit sie gut „funktionieren" und nach einer unumgänglichen Familienphase möglichst schnell wieder in den Erwerbsalltag integriert werden können. Natürlich glauben wir, dies tun zu *müssen*. Warum? Weil alles andere eben nicht funktioniert, nicht Usus ist, weil man sich seinen Lebensstandard, die Autos (Plural), die Kleidung, die Gerätschaften leisten *muss*. Man *muss* ja den Standard seiner Familie erhalten. Ja, der Mensch empfindet Glück mittlerweile nur noch dann, wenn er alle möglichen Dinge konsumieren kann. Doch den Blick auf das Wesentliche haben wir verloren. Wohin, glauben Sie, führt dieses Verlangen nach Dingen? Hört dies Gefühl jemals auf? Kann es jemals genug sein?

Ja?
Wenn Sie dies glauben, irren Sie gewaltig!

Es gibt *immer* ein „Noch mehr". Reicht das eine Auto nicht, wird es ein besseres sein müssen. Ist das eine Haus bezahlt, wäre ein größeres besser. Ist die Kleidung nicht mehr modern und entspricht nicht mehr dem Trend, muss etwas Neues angeschafft werden.

Habe ich nämlich alle Grundbedürfnisse befriedigt, geht es weiter, die Bedürfnisse steigen. Das Glück jedoch und inneren Frieden werde ich so nicht finden. Genau wie für Sisyphos, der seinen Stein immer und immer wieder den Berg hinaufrollen muss, wird es nie ein Ende haben.

Verstehen Sie mich nicht falsch. Die Dinge an sich sind nicht schlecht, in keiner Weise – problematisch ist Ihr Gefühl *dahinter*. Selbstverständlich kann ich in Fülle leben und auch die Dinge genießen, doch darf niemals mein Herz daran hängen.

Woran erkenne ich, dass ich „frei" von diesen Dingen bin und mein Herz nicht an diese gehängt habe?

- Daran, dass es mir trotzdem sehr gut geht, auch wenn ich diese Dinge nicht mehr habe.
- Daran, dass ich bereit wäre, Dinge, die ich nicht mehr benötige, anderen Menschen zu geben, um sie wieder dem Kreislauf der Verwendung zuzuführen.

Wahre Ruhe, Friede und Antwort auf die Suche findet der Mensch nur in sich. Durch die Auflösung seiner eigenen Themen und das Finden von Gott in sich selbst erhält der Suchende ein Geschenk. Auf diesem Weg der Befreiung geschieht ein

„Wunder": Durch das Gesetz der Anziehung entsteht Fülle in Ihrem Leben von ganz allein, ohne dass Sie aktiv für diese etwas tun müssen. Fülle bedeutet Fülle an allem: Gesundheit, Liebe, Freude, natürlich auch an Geld und vielem mehr.

Beantworten Sie sich die folgenden Fragen:
- Was könnten Sie von Ihren Dingen aufgeben, ohne dass es Sie belastet?
- Wovon sind Sie abhängig?
- Was glauben Sie zu brauchen?
- Was glauben Sie, haben zu müssen?
- Wenn Sie alle diese Dinge haben, *was kommt danach?*

Alle jene Güter, die Sie vielleicht als Antwort genannt haben, sind genau jene falschen Bindungen, die Sie nicht zum Glück führen. Das neue, so lange ersehnte sportliche Auto fühlt sich nach einem Jahr nicht mehr „so gut" an. Es wurde „konsumiert". Es löst nicht mehr das Glücksgefühl aus, das es bei der Anschaffung erzeugt hat. Die Befriedigung meiner Bedürfnisse nach Dingen ist wie das Stillen von Hunger mit Nahrung ohne Inhaltsstoffe. Der Hunger bleibt.

Durch unsere Konsumsucht und den falschen Glauben, dass uns Produkte glücklich machen könnten, zerstören wir unsere Umwelt. Wir leben die absolute Verschwendung. Für jedes produzierte Objekt wurde viel reale und gedankliche Energie investiert. All diese aufgewandte Energie ist umsonst, wenn der Mensch die Dinge, die er schon lange nicht mehr braucht, hortet. Selbst wenn ich nun in meinem Konsumverhalten aus meiner eigenen Emotion heraus aufhöre, abhängig zu sein, Dinge kaufen zu müssen, bleibt noch immer meine Verschwendung, Dinge zu haben, die ich nicht verwende.

Daher gilt: Gehen Sie durch Ihr Haus, Ihre Wohnung. Suchen Sie all die Dinge, die Sie nicht mehr verwenden; von denen Sie glauben, sie vielleicht „irgendwann" mal wieder brauchen zu können; die ja „so viel" gekostet haben. Verschenken Sie diese Dinge oder verkaufen Sie sie. Bringen Sie sie wieder in den Umlauf, damit sie ihren Zweck und ihre Bestimmung erfüllen. Meine Frau und ich haben zum Beispiel all die vielen nicht verwendeten Kleidungsstücke gespendet, damit diese dann in Rumänien an Bedürftige verteilt werden. Hören Sie selbst mit dem Verschwenden auf, bringen Sie nicht verwendete Sachen zurück in den Kreislauf! Dies birgt eine enorme spirituelle Kraft in sich.

Lektion Nummer 14:

Alles, was ich loslasse, kommt zum erleichterten Herzen zurück. Alles, was ich gerade jetzt loslasse, wird von Gott durch etwas Besseres ersetzt. Dies ist die goldene Regel der Transformation.

Worin liegt nun die spirituelle Kraft des Loslassens? Hier geht es um:

Das Gesetz der Fülle

Meine eigene Ausstrahlung, mein Denken und Fühlen bestimmen, was zu mir zurückkommt. Dieses Gesetz wurde im Buch „The Secret"[12] als das Geheimnis des „Gesetzes der Anziehung" behandelt.

Von Bedeutung ist, seine Zukunft zu „fühlen" und vor dem inneren Auge, also in der Vorstellung, zu „sehen". Die Visualisierung einer Zukunft in Form von Bildern funktioniert noch relativ gut. Doch mit der Emotion wird dies schon schwieriger. Zur einfachen Erklärung ein Beispiel:

Eine Frau leidet unter finanziellem Druck. Sie hat keine Vorstellung davon, wie sie ihr Leben weiter bestreiten soll. In vielen Belangen des Lebens geht es ihr nicht gut. Sie hört vom Gesetz der Fülle und visualisiert sich eine Zukunft, in der sie finanziell abgesichert und glücklich ist. Sie tut dies über Monate, doch nichts geschieht. Auf die Frage bei einer unserer Heilarbeiten, „ob es ihr gut gehen darf", antwortet sie nur zögerlich: „Ja, vielleicht."

Unsere unbewussten Themen bestimmen, wie wir uns fühlen. Wenn das emotionale Hintergrundbild nicht der Vision entspricht, kann sich die schöpferische Kraft des Höheren Selbst nicht entfalten. Um aber das Gesetz der Fülle umsetzen zu können, ist es wichtig, spezielle emotionale Energien aufzubauen, damit das Höhere Selbst mein Ziel erschaffen kann.

---

12 Rhonda Byrne: The Secret – Das Geheimnis. Goldmann Verlag (Arkana). München 2007.

Die vier Grundvoraussetzungen für Fülle sind nach dem Buch „Die Goldene Regel"[13]:

1 *Dankbarkeit*
2. *Zufriedenheit*
3. *Bereitschaft zu geben*
4. *Arbeit nicht als Gelderwerb, sondern als Dienst am Nächsten*

Warum sind diese Tugenden so wichtig und wie schule ich sie? Die *Dankbarkeit* schule ich durch ein kleines Hilfsmittel: den Dankbarkeits-Stein. Suchen Sie sich irgendeinen kleinen Stein, welchen Sie bei sich tragen können. Immer dann, wenn Sie untertags diesen Stein berühren, halten Sie kurz inne und überlegen Sie sich etwas, wofür Sie dankbar sind – das schöne Wetter oder eine Begegnung mit Freunden. Wohin führt mich diese kleine Übung? Durch die Wiederholung wird die Danksagung innerhalb kürzester Zeit zur persönlichen Realität. Die eigene Dankbarkeit führt automatisch zur inneren *Zufriedenheit*.

„Keine Schuld ist dringender als die, Dank zu sagen."
Marcus Tullius Cicero (106 – 43 v. Chr.), römischer Redner

Seien Sie für alles Materielle wie Immaterielle, das Sie zurzeit besitzen, aus tiefem Herzen dankbar. Es geht also nicht darum, jeden Tag darüber zu klagen, was Sie nicht besitzen, sondern dankbar zu sein, was Sie jetzt genießen dürfen. Außerdem gilt es, ein inneres Bild davon zu erschaffen, was Ihnen im Universum alles zusteht.

- Sie verdienen es, glücklich zu sein.
- Sie verdienen es, in Fülle zu leben.

---

13 Vgl. Karl-Otto Schmidt: Die Goldene Regel und das Gesetz der Fülle. Baum Verlag. Pfullingen 1965.

- Sie verdienen es, ohne Schmerz Erfolg zu haben. Es darf Ihnen einfach nur gut gehen.

Bitte lesen Sie die vorgenannten drei Sätze noch einmal langsam durch und fragen Sie sich, ob dies in Ihrem Leben schon für Sie „wahr" geworden ist. Verdienen Sie das wirklich? Sie werden unter Umständen spüren, dass die Aussagen noch nicht „stimmen" bzw. noch nicht auf Sie zutreffen. Dies wiederum ist ein klarer Hinweis darauf, dass es an Themen zu arbeiten gilt, welche wir später im Buch noch genauestens behandeln werden. Auf jeden Fall funktioniert das geistige Gesetz der Fülle so, dass Fülle nur eintreten kann, wenn

- Sie wirklich glauben, dass Ihnen ein Leben in Fülle zusteht;
- Ihre Emotion dazu auch „Ja" sagt.

„Glück ist Selbstgenügsamkeit."
Aristoteles (384 – 322 v. Chr.), griechischer Philosoph

Die *Bereitschaft zu geben* geht einher mit der Tugend des Loslassens, die wir vorher beschrieben haben. Jedoch dürfen wir nun gerne und freudig geben, ohne vom Beschenkten irgendetwas zu erwarten. Nach dem Vorgang des Gebens sollte das Ereignis vergessen werden, da Sie ja auf das Gesetz der Fülle vertrauen. Diese Bereitschaft zu geben hat nichts damit zu tun, wie viel ich besitze. Ich kann auch Fähigkeiten oder Zeit verschenken. Dies alles können Sie, lieber Leser, sehr leicht in Ihrem Leben anwenden. Nehmen Sie Ihr eigenes Ego zurück und denken Sie darüber nach, wie Sie anderen eine Freude machen können. Als ich begann, diesen Weg zu gehen, hatte ich eine große Sammlung von Stein- und Holzdelfinen. Ich kannte und liebte jedes einzelne Stück. Irgendwann wurde mir bewusst, dass es Zeit war, sich von dieser Sammlung zu lösen. Warum? Ich hatte erkannt, wie sehr ich mich den Dingen verbunden fühlte. Also verschenkte ich von Zeit zu Zeit bei Arbeiten mit Hilfesuchenden Delfine. Die Menschen, die sie erhielten, waren erstaunt und erfreut; manchmal wurden die Delfine Symbole für sie. Anhand dieser Ereignisse erlernte ich die Freude des Gebens. Versuchen Sie es!

„Das Geheimnis des Glücks liegt nicht im Besitz, sondern im Geben. Wer andere glücklich macht, wird glücklich."
André Gide (1869 – 1951), französischer Schriftsteller

„Der gesunde und sich selbst verwirklichende Mensch erlebt Glück dann, wenn er anderen etwas geben kann. Insofern kann man die Selbstlosigkeit als eine Form von indirektem Egoismus bezeichnen."
Stephan Lermer (geb. 1949), Psychotherapeut und Schriftsteller

Ihre *Arbeit ist ein Dienst am Nächsten* und kein Gelderwerb. Dies ist ein wichtiger Aspekt, den es in Ihrem Leben zu verwirklichen gilt. Natürlich dient rein rational betrachtet so ziemlich jeder Job anderen Menschen, da wir ja miteinander vernetzt sind. Jedoch meine ich hier insbesondere den emotionalen Aspekt. Keine Worte beschreiben dies besser als die von Sai Baba:

„Das größte Glück erreichst du, indem du gerne tust, was du tun musst."

Es geht darum, die Liebe im Alltag zu entwickeln, mit Freude das zu tun, was ich gerade tue. Am Anfang meines Weges bereitete mir mein „erdiger" Beruf viel Kummer, da ich nicht verstand, warum ich tun „musste", was ich tat. Erst allmählich lernte ich, dass ich, egal wo ich bin, Gottes Werk tun kann. Es gilt, die positive Energie zu entwickeln, wo immer ich mich gerade befinde. Je mehr meine eigenen Resonanzen und Themen aufgelöst werden, desto glücklicher werde ich, gleichgültig, wo ich mich gerade befinde. Das Gesetz der Fülle besagt: Wenn ich die Tugenden der *Dankbarkeit*, der *Zufriedenheit*, der *Bereit-*

schaft zu geben und der *Arbeit als Dienst am Nächsten* integriere, kehrt Fülle mehrfach zu mir zurück. Die geistigen Gesetze halten uns an, diese Tugenden in uns zu entwickeln. Aus persönlicher Erfahrung kann ich bestätigen, dass Fülle auf allen Ebenen einkehrt, wenn man sich an diese Regeln hält und an seinen Ego-Themen arbeitet.

Lektion Nummer 15:

*Dankbarkeit, Zufriedenheit,
Geben und Dienen erfüllen mein Leben.*

Wir erkennen nun die Kraft des Gesetzes der Fülle. Die Alternative ist, im Konsumdenken verhaftet zu bleiben. Doch bedenken Sie: Da das Glücksgefühl beim Konsum nie lange anhält, müssen die Bedürfnisse, die auch befriedigt werden wollen, kontinuierlich erweitert werden.

„Ein jeder Wunsch, wenn er erfüllt, kriegt augenblicklich Junge."

Wilhelm Busch (1832 – 1908),
Zeichner und Dichter

Durch den Mangel an „Frei"-Zeit, welcher dadurch entsteht, dass wir arbeiten müssen, um den gewünschten Standard zu erhalten, leidet die Familie, ganz besonders die Kinder. Kinder werden heute leider zu gerne abgeschoben. Damit entziehen wir diesen aber das wichtigste Grundnahrungsmittel, welches sie zum Aufwachsen benötigen – nein, nicht Geld, Bildung und gute berufliche Voraussetzungen, sondern: Nähe, Wärme, persönliche Auseinandersetzung und *gelebte bedingungslose Liebe.* Ein Kindermädchen kann niemals Mutter und Vater ersetzen. Weshalb ist das Aggressionspotenzial bei den Kindern so sehr angestiegen, warum herrscht eine so große Lethargie bei Jugendlichen, wieso haben Kinder den Respekt vor Erwachsenen verloren, warum scheinen sie ziellos zu leben? Dies ist die natürliche Reaktion auf die heutige Konsum-Gesellschaft. Kinder spüren die Sinnlosigkeit des Unterfangens der Eltern, können dies aber nicht zuordnen, da Eltern in den Augen ihrer Kinder so etwas wie allwissende Götter sind – zumindest in den ersten Lebensjahren. Zwangsläufig kommt es zur Auflehnung gegen die Eltern und das „System". Jugendliche verspüren immer stärker den Weltschmerz, der eigentlich eine Spiegelung des Familienschmerzes ist. Und die Eltern fragen sich dann blauäugig, was sie wohl falsch gemacht haben:

- Sie haben den Schulbesuch ermöglicht.
- Sie haben dem Kind alles gegeben.
- Ihr Kind lebt in geordneten Verhältnissen.

Leider vergessen viele Eltern das eigentlich Wesentliche im Leben. Es ist etwas verloren gegangen, das sie selbst oft nicht mehr kennen: Liebe und Hingabe, für die im Sklaven-Leben unserer Zeit nur noch wenig Platz ist. Haben Sie daher Verständnis für den Ausbruch der Kinder aus diesem System!

Wie können wir nun helfen? Werden Sie, lieber Leser, wieder heil! Ändern Sie Ihr Leben, indem Sie es gründlich hinterfragen. Verwenden Sie die Arbeit an den Zwillingseigenschaften, die später in diesem Buch erklärt werden, um Ihre eigenen Themen zu erkennen. Aus der heilenden Energie, die Sie dann ausstrahlen, heilt die Familie. Dies ist jeder von uns unseren Nachkommen schuldig.

Sie erkennen, wie die verschiedenen Faktoren unseres eigenen Realitätsempfindens dazu beitragen, immer tiefer in Abhängigkeiten und Unfreiheit zu gelangen. Die Folge davon sind Verhaltensweisen, die sich in unseren Kindern widerspiegeln, welche wir sehr oft nicht mehr verstehen. Wir müssen wieder lernen, langsamer zu werden und unser Leben neu nach göttlichen Prinzipien auszurichten. Ja, göttlichen Prinzipien – denn sie sind die einzigen Prinzipien, die zum wahren Glück führen.

In der westlichen Welt gibt es – was ihren Glauben anbelangt – fünf Arten von Menschen:

1. Menschen, die sich selbst *Atheisten* nennen und an nichts glauben außer an die Wissenschaft. Oder Menschen, die Gott einfach nur „vergessen" haben und sich daher nicht die Frage nach Gott stellen.
2. Gläubige, die *„glauben", wenn es ihnen schlecht geht,* aber Gott bei einer Verbesserung ihrer Lebenslage sofort wieder vergessen.
3. Diejenigen, die an Gott *glauben* allein zu dem *Zweck, damit es ihnen im eigenen Leben besser gehe.*
4. Menschen, die an Gott *glauben und darum bitten, dass es allen und jedem gut geht,* denn sie sehen ihr eigenes Schicksal mit dem Heil der anderen verknüpft.
5. Diejenigen, die Gott in ihrem Leben verwirklicht haben oder zu verwirklichen suchen, *mit Gott eins geworden sind* und in allem, was sie tun, einen Gottesdienst sehen.

Ich möchte Sie dafür gewinnen, zum Menschen der fünften Gruppe zu werden.

Unterschätzen Sie niemals die Kraft Ihres eigenen persönlichen Glaubens. Doch schränken Sie sich selbst nicht ein, „fürchten" Sie Gott nicht, im Gegenteil. Werden Sie eins mit dieser liebenden Kraft, aus der Ihre ganz eigene persönliche Schöpfung – also die Formung Ihrer Realität – entsteht! Wir sollten zu erreichen suchen, dass wir in allem, was wir tun, Gott erkennen und leben; dass wir genau die Dinge, die wir nicht gerne tun, in Liebe tun. Da wir dann die Lebensaufgabe gemeistert haben, werden wir automatisch von den unangenehmen Dingen befreit. Was nach einem sehr schwer zu erreichenden Ziel klingt, werde ich Ihnen später anhand von praktischen Übungen genauer erläutern.

Lektion Nummer 16:

Mein Leben ist ein Gottesdienst.

Die Transformation – der Weg zur Befreiung

Unser jetziges Zeitalter, das des Wassermanns, ist von einer Energie-Anhebung unserer Erde bestimmt. Sowohl im physischen als auch im feinstofflichen Bereich unseres Lebens finden Veränderungen statt. Für die Wissenschaftler unter Ihnen sei hier die ständige Veränderung der Schumann-Frequenz, also der exakt bestimmbaren Resonanzfrequenz der Erde, erwähnt. Auch für das menschliche Gehirn ist es möglich – etwa durch Meditation –, Bewusstseinszustände dieser Frequenz zu erreichen, die zwischen dem Theta- und dem Alpha-Wellen-Bereich liegen.

- Delta-Wellen (1–3 Hertz) sind charakteristisch für traumlosen Tiefschlaf bzw. begleiten komatöse Zustände.
- Theta-Wellen (4–7 Hertz) erleben wir beim Träumen.
- Alpha-Wellen (8–12 Hertz) treten im entspannten Wachzustand auf, etwa bei einer Meditation oder kurz vor dem Einschlafen bzw. unmittelbar nach dem Erwachen.
- Beta-Wellen (13–40 Hertz) herrschen im normalen Wachzustand vor.

Der Mensch steht mit der Schwingung der Erde in Resonanz. Wir leben und erleben die Realität in Resonanz mit unserer Erde. Derzeit kommt es zu einer Erhöhung der Schumann-Frequenz sowie zu Veränderungen in den Magnetfeldern der Erde. Beide Faktoren begünstigen eine Veränderung im Menschen, die ihn rein physikalisch durch die Stärkung des Alpha- sowie des Beta-Bereiches spirituell erwachen lässt. Wir steuern auf einen Zustand „erhöhten Bewusstseins" zu. Dieser als „Zeitenwende" bekannte Prozess war schon früher Bestandteil vieler Prophezeiungen und wurde auf die unterschiedlichsten

Termine datiert. Nach dem Maya-Kalender wird die Menschheit z. B. zwischen dem 21. Dezember 2012 und dem 7. Januar 2013 eine Wandlung erleben. Wir leben also in einer Zeit der Transformation, in der wir uns physisch und psychisch verändern und ein perfektes Umfeld vorfinden, um neue Wege zu gehen. Genau dies ist der Grund, warum viele Menschen ihren Weg hinterfragen, spüren, dass ihr derzeitiges Leben nicht dem eigentlichen Sinn des Lebens entspricht. Dies ist auch der Grund, warum gerade *Sie jetzt* dieses Buch lesen und warum genau dieses Buch Ihnen in dieser Phase helfen kann. Zu allen Zeiten hat es erwachte Menschen gegeben, die anderen als Korrektive und Hilfe dienten. Heute gibt es durch den laufenden Transformationsprozess mehr und mehr dieser weisen Menschen. Die dunkelste Zeit unserer Geschichte ist vorbei, wir befinden uns auf direktem Weg ins goldene Zeitalter des Erwachens. Folgen Sie Ihrem inneren Antrieb, fühlen Sie in sich und fragen Sie sich, ob Ihr bisheriges Leben sinnvoll verlaufen ist oder ob es an der Zeit ist, etwas grundlegend zu ändern. Wenn Sie sich entscheiden, diesen neuen Weg einzuschlagen, mit Hilfe der momentan wirkenden Transformationskraft einen Einweihungsweg zu beschreiten, welchen schon die Ägypter kannten, werden Sie neue Welten und Realitäten erleben, die für Sie bisher vielleicht nicht vorstellbar waren. Dies soll sich nun ändern.

Ihr individueller Weg führt über folgende Stationen, welche auch der „Baum der Erkenntnis" genannt werden:

1.) *Auflösung von negativen Emotionen* in Ihrem Leben (Ängste, Zweifel etc.) durch konstantes Hinterfragen Ihrer eigenen Emotionen.
2.) *Auflösen von ego-getriebenen Handlungen* in Ihrem Leben.
3.) Erlernen von *Selbstdisziplin in Gedanken, Worten und Taten*, was einer Neuausrichtung Ihrer schöpferischen Kraft entspricht.
4.) *Ausrichten der eigenen Gedanken auf Liebe*, Ausdauer und Toleranz.

5.) *Erlernen der heilenden Kommunikation* im Innen wie im Außen.
6.) *Weg der Erkenntnis, Erfahren* des Baumes der Erkenntnis und *Erleben* der geistigen Gesetze im Gegensatz zum reinen *Verstehen* und *Wissen.*
7.) *Auflösung der letzten Polaritäten* in Ihnen und Einswerden mit Gott.

Der Baum der Erkenntnis

Gott an sich ist ohne Form und Eigenschaft. Gott beinhaltet alles, jeden Pol, oben und unten, innen und außen, hell und dunkel – eben alles. Allein dieser Satz scheint ein Widerspruch in sich zu sein, da er Eigenschaften, also Polaritäten, zuteilt. Doch tatsächlich ist es so, dass Gott erst durch die Polaritäten ein Umfeld geschaffen hat, in dem Eigenschaften erfahrbar werden. Im Alten Testament wird vom Baum der Erkenntnis gesprochen: Die Schlange versuchte Eva zu verführen: Beim Essen der verbotenen *Früchte von dem Baum in der Mitte des Gartens* würden ihr die Augen aufgehen und sie würde erkennen, was gut und was schlecht ist (Gen. 3,2-5). Für sich genommen ist die symbolische Aussage der Schlange richtig: Erst wenn die Früchte der Polaritäten gekostet werden, symbolisch durch den Apfel dargestellt, kommt es zum Erfahrungsgewinn, also dem menschlichen Erfahrungsweg, den wir alle gehen. Was ursprünglich als „Sündenfall" benannt wurde, spiegelt vielmehr eben jenen Geburtsprozess aus der Kausalwelt in die feinstoffliche und schließlich in die grobstoffliche Welt mit ihren Polaritäten wider. Daher verläuft der Weg zurück ins „Paradies" über die Auflösung der Polaritäten und die damit verbundenen Resonanzen. Solange uns Ego-Themen „quälen", gibt es noch viel zu arbeiten.

Gottes größtes Geschenk
bei Auflösung des Egos

Um am Ego effektiv arbeiten zu können, müssen wir die vom Ego behafteten Charakterzüge erst einmal erkennen. Wie schon in diesem Buch behandelt, erkennen wir unser Ego einerseits anhand des Spiegelgesetzes, also an dem, was uns an anderen besonders stört, aber natürlich auch über kritische Selbstreflexion. Was aber die Arbeit am Ego so schwierig macht, ist die Emotion, welche man empfindet, wenn man einen „wunden Punkt" gefunden hat: natürliche *Abwehr* – ein „Nein, das will ich nicht". Dieses Gefühl entsteht durch ein Aufbäumen des Ego-Anteils, der sich nicht verändern will. Um das zu verstehen, müssen wir die drei Aspekte des nicht-physischen Anteils des Menschen begreifen, die schon im ägyptischen Einweihungsweg bekannt waren als „Ach", „Ka" und „Ba".

- Die Ägypter nannten den *emotionalen Teil, die unbewusste, verborgene Ebene des energetischen Körpers, „Ba"*. Dieser Teil ist der Sitz aller Emotionen, die es zu zentrieren gilt. Zentrieren bedeutet, die aus dem Lot geratenen, im nächsten Kapitel erklärten Zwillingseigenschaften wieder in ihre Mitte zu bringen. Heute nennen wir dies das „Unterbewusstsein".
- Das *„Ka" ist der verstandesmäßige, bewusste Teil*, die Ratio oder Vernunftebene. Wir sprechen hier gerne vom „Bewusstsein".
- Das *„Ach" ist die Verbindung zum Göttlichen und entspricht dem Höheren Selbst* oder „Über-Ich".

Das „Ka", also die Vernunftebene, kann uns im Wachzustand helfen, das „Ba", also unsere emotionale Ebene, liebevoll zu leiten. Dies ist wichtig, denn das „Ba" definiert, was wir alles wollen; es ist der Sitz des starken „Ich will". Diese starke Ego-Zentriertheit gilt es aufzulösen und sich in Richtung des „Ach", des Höheren Selbst, zu bewegen. Auf diesem Weg verlieren wir die Illusion des Getrenntseins. Im Moment der Empfängnis verlässt die Seele das Meer aus Gottes Liebe, es formt sich ein Tropfen. Dieser Liebestropfen empfindet Schmerz über die Getrenntheit und entwickelt die Illusion einer Individualität. Der Tropfen sieht andere Tropfen und definiert dadurch ein Du und Ich. Das Höhere Selbst jedoch weiß um diese Illusion; so verschwindet das Gefühl der Getrenntheit, wenn Gott in mir in Form des Höheren Selbst erwacht. In diesem Moment bin ich wieder eins mit allen Lebewesen und Dingen, die uns umgeben. Ich bin eins mit Gott, getragen von Liebe und Dankbarkeit.

Am Anfang dieses Weges hilft nur die Vernunft, das Leben zu meistern. Wir geben also nicht all unseren Trieben und Gelüsten nach, wir fangen an, uns zu disziplinieren, und unterscheiden uns genau durch diesen Akt von den Tieren. Jedoch bedeutet eine derartige Kontrolle nicht, dass das „Ba", der emotionale Aspekt, ruhig, aufgelöst oder befriedigt ist. Es bedeutet nur, dass dieser Aspekt unter Kontrolle gebracht wurde. Wenn der Mensch älter wird und sich der Moment des Todes nähert, kommen genau jene Emotionen wieder an das Tageslicht. Der Grund ist einfach: Je näher wir der Schwelle des Todes kommen, desto eingeschränkter funktioniert unser kritischer Verstand. Unser Unterbewusstsein kann dadurch verstärkt agieren. Da das „Ba" im Zaum gehalten und nicht aufgelöst oder zentriert wurde, kommt es zu emotionalen Reaktionen. Der Mensch kann dann unter Umständen von starken Ängsten, Wut und Verzweiflung geplagt sein. Es ergibt aus dieser Perspektive Sinn, die Polaritäten des „Ba" aufzulösen und das Höhere Selbst so weit wie möglich im Leben zu verwirklichen. Der Ego-Aspekt des Menschen ist wie ein wildes Tier, das es zu bändigen gilt. Kein spiritueller Meister kann einem Menschen diese Aufgabe abnehmen, keine Kirche, kein finanzielles Opfer, keine Freisprechung durch einen Guru. Jeder Mensch kann und darf diesen Weg gehen und entscheidet mit seinem freien Willen, wie schnell er ihn geht.

Ein wunderbares Geschenk wartet auf jeden, der den Einweihungsweg beschreitet:

Lektion Nummer 17:

Bei den meisten Menschen manifestiert sich ihre eigene göttliche Schöpferkraft UNBEWUSST durch Verwirklichung ihrer nicht aufgearbeiteten Emotionen wie Ängste oder Zweifel. Der erwachte Mensch jedoch ist zum Höheren Selbst geworden und erschafft sich BEWUSST seine Realität. Durch seine eigene göttliche Schöpferkraft wird alles möglich, was er sich wünscht.

Begreifen Sie die Tragweite dieses von Gott gegebenen Geschenkes? – Durch die Illusion der Getrenntheit glauben Sie, dass all die Ereignisse in der Welt Ihnen persönlich *geschehen* sind und außerhalb Ihrer Kontrolle lagen. Dies ist so nicht wahr. Ihre eigene Schöpferkraft hat sich unbewusst manifestiert und alles in Ihrem Leben ausgesucht: Ihren Beruf; die Leute, die Sie treffen; ja sogar Schicksalsschläge, Krankheiten oder Unfälle. Es ist Ihre eigene göttliche Schöpferkraft, die sich offenbart und dadurch wie ein Korrektiv wirkt. Verstehen Sie dies nicht falsch: Niemand will negative Ereignisse oder scheinbar unbeeinflussbare Schicksalsschläge erleben. Der Verstand würde dies niemals tun. Doch wir sprechen hier von den Auswirkungen des eigentlichen göttlichen Wesenskerns, der Erfahrungen sammelt und dem Gesetz des Karmas folgt. Alle Ereignisse haben eine Ursache und eine Wirkung. Meistens sind uns aber die Ursachen nicht bewusst, vor allem wenn diese in vorherigen Inkarnationen liegen. Dies lässt das „Schicksal" oft sehr grausam erscheinen. Warum sterben so viele Kinder, noch bevor sie geboren sind? Wieso gibt es so viel Armut? Wieso gibt es sehr grausame Verbrechen? Hier gibt das Gesetz von Ursache und Wirkung Aufschluss. In Rückführungen werden die Zusammenhänge klar, auch wenn diese Methode nicht unbedingt für die Auflösung von Problemen notwendig ist. Was uns ein unangenehmes Gefühl bereitet, ist der Mangel an Wissen um die Ursache für einen schweren Schicksalsschlag. Doch genau hier ist es wichtig, sich die Frage zu stellen, ob ich der Schöpfung und Gott in mir vertrauen kann. Vertraue ich, auch wenn ich oft die Zusammenhänge vorerst nicht verstehen werde? Wenn ich mich für das Vertrauen entscheide und anerkenne, dass alles einen uns oft unbekannten, aber guten Grund hat, kann ich mich dem Wesentlichen zuwenden. Dem Auflösen eigener problematischer Emotionen, welche sich vielleicht momentan noch für mich negativ manifestieren. Wenn Sie sich *über all die Emotionen erheben*, die Sie innerlich zerreißen, wenn Sie *Ihr Ego auflösen* und aktiv daran arbeiten, *wachen Sie auf und werden bewusst*. Dadurch wird Ihr Höheres Selbst in der Lage sein, alles, was *Sie* wirklich wollen, zu manifestieren. Ja, seien es Gesundheit, Glück und auch Geld! Sie werden aber feststellen, dass die Wünsche, die Sie beim Lesen des Buches heute noch haben, sich ändern werden, wenn Sie diesen Weg gehen. In jedem Fall wird Ihre eigene Schöpferkraft für Sie steuerbar und nicht mehr unbewusst aktiv.

„Wenn ihr Glauben habt und nicht zweifelt, so werdet ihr nicht nur das mit dem Feigenbaum Geschehene tun, sondern wenn ihr zu diesem Berg sagen werdet: Werde aufgehoben und ins Meer geworfen!, so wird es geschehen."
Matthäus-Evangelium 21,21

Dies ist Teil der Bewusstwerdung. Es ist das größte Geschenk, welches uns gegeben wurde. Wachen Sie auf und fangen Sie an, Ihre Realität neu zu erschaffen! Wenn Sie dies tun, werden Sie reich beschenkt – auch wenn das Mögliche heute noch außerhalb Ihrer Vorstellungskraft liegt.

Der erste Schritt: Nehmen Sie Ihre jetzige Situation als eine von Ihnen geschaffene an. Gott hat Ihnen eine Startposition zugeteilt, besser gesagt: Ihr eigenes Karma, also Ihre Seelen-Erfahrung, hat Sie dorthin gesetzt, wo Sie nun sind. Nehmen Sie Ihre Erlebnisse an und werden Sie zum Lenker Ihres Lebens. Dies mag sehr schwierig erscheinen, vor allem dann, wenn sehr traumatische Dinge geschehen sind. Wie soll ich diese annehmen? Bauen Sie Vertrauen auf. Schritt für Schritt fangen Sie an, Gott zu vertrauen. Es wird Sie von dem unsagbaren Schmerz befreien, den Sie vielleicht empfinden.

Wunderbare Arbeit, um diesen Weg zu gehen, lieferte Elisabeth Haich (1897 – 1994) mit ihrer Aufstellung der im Folgenden erklärten „Zwillingseigenschaften" in ihrem Klassiker „Einweihung". Die nachfolgende, erweiterte Darstellung dieser Eigenschaften ist eine ausgezeichnete Möglichkeit, uns selbst zu hinterfragen und praktisch zu arbeiten.

Bevor Sie die Erklärung zu den Zwillingseigenschaften lesen, machen Sie bitte die folgende wichtige Übung:

Bitte nehmen Sie *jetzt* ein Blatt Papier zur Hand, um sich Notizen zu machen. Falls Sie aber genau *jetzt* denken, dass Sie das nicht für nötig halten, muss ich darauf hinweisen, dass Sie das Buch nur konsumieren, nicht aber *erfahren* wollen. Doch nicht das Wissen durch den Buchkonsum ist es, welches Sie weiterbringt, sondern einzig und allein die Erfahrung, die Sie tatsächlich machen. In unserer Tätigkeit als Lehrer in der Heilerschule sehen wir immer wieder, wie Wissen konsumiert wird, jedoch Umsetzung und Disziplin fehlen, wodurch das Gelernte leider wertlos wird.

In der eigenen Heilarbeit setzen wir diese Methode schon länger erfolgreich ein. Wer diese Übung, die nicht mehr als fünf Minuten am Tag in Anspruch nimmt, ausführt, erlebt in kürzester Zeit starke Veränderungen im eigenen Leben.

Daher nochmals die Bitte: Stehen Sie *jetzt* auf und holen Sie sich einen Zettel, während ich als Autor hier auf Sie warte. Mein Versprechen an Sie ist, dass ich noch da bin, wenn Sie zurückkommen.

... Wie versprochen, bin ich noch hier. Wir beginnen nun mit dem Erarbeiten Ihrer persönlichen Zwillingseigenschaften.

1. Decken Sie mit einem Zettel das Schaubild „Baum der Erkenntnis" im nächsten Kapitel so ab, dass Sie **nur** eine

der beiden hellgrauen Eigenschaften-Säulen sehen (z. B. Maßlosigkeit, Selbstdarstellung, Fanatismus usw.).
2. Wählen Sie aus der sichtbaren hellgrauen Säule genau drei Eigenschaften aus, mit denen Sie in Ihrem Leben wirkliche Probleme haben. Diese Eigenschaften könnten für Sie z. B. mit bestimmten Personen verbunden sein, mit welchen Sie schwere Konflikte haben. Es könnte auch sein, dass Sie jemanden kennen, der sehr „überheblich" ist, was in Ihnen Wut auslöst.
3. Notieren Sie diese drei ungeliebten Eigenschaften.
4. Positionieren Sie das Abdeckblatt neu, sodass Sie **nur** die zweite hellgraue Eigenschaften-Säule sehen.
5. Notieren Sie auch hier genau drei Eigenschaften, mit denen Sie nichts zu tun haben wollen.

Sie haben nun insgesamt sechs Eigenschaften ausgewählt. In den nachfolgenden Kapiteln werden alle Zwillingseigenschaften behandelt. Bitte legen Sie besonderes Augenmerk auf die Kapitel, welche „Ihre" gewählten Eigenschaften enthalten, und notieren Sie die zu Ihren Themen gehörigen Affirmationen.

Die 12 Zwillingseigenschaften

Wie funktionieren die Zwillingseigenschaften?

Jede Zeile zählt in der dunkelgrauen Mitte zentrale Eigenschaften auf, welche es im Leben eines Menschen zu erlernen gilt. Die Bezeichnungen in den äußeren hellgrauen Säulen zeigen die negative Ausprägung der zentralen positiven Eigenschaften an.

In der untersten Zeile finden Sie zum Beispiel „Reden" und „Schweigen". Diese Eigenschaften sind an sich weder positiv noch negativ, sondern neutral. Doch der Mensch ist angehalten, beide zu erlernen, diese also weise anzuwenden. Das ist nicht leicht, denn unser Bauchgefühl sagt sehr oft, dass wir Zivilcourage zeigen und „reden" sollten – trotzdem „schweigen" wir. Genauso wie wir das „Reden" positiv einsetzen können, kann es auch zur negativen Eigenschaft werden – etwa wenn „Reden" zum „Schwatzen" wird.

Durch unsere Selbstwahrnehmung und unsere Selbstdisziplin sind wir in der Lage zu beobachten, welche der Kräfte wir positiv und welche wir negativ einsetzen. Erst wenn wir alle diese Eigenschaften verinnerlicht haben, werden unsere gesamten energetischen Zentren voll aktiviert. Dieser Prozess entspricht dem Weg der Erkenntnis zur Erleuchtung. Die Technik, eine Eigenschaft zu erlernen und zu erfahren, sie vollkommen in sich aufzunehmen, wird „integrieren" genannt: die Integration einer Eigenschaft in das eigene Unterbewusstsein. Wir bezeichnen daher Eigenschaften, welche wir schon erlernt haben, als „integrierte" Eigenschaften. Noch nicht angenommene Eigenschaften sind daher „nicht integriert". Ein weiteres Wort, welches Sie auf den nächsten Seiten finden werden, ist Eigenschaften zu „zentrieren". Dies bedeutet, beide aus dem Lot geratenen Eigenschaften in der Mitte zu versammeln, also die nicht erlernten Eigenschaften zu integrieren. Ein Beispiel: Wenn ich mich in der „Teilnahmslosigkeit" und im „Verurteilen" bewege, muss ich diese Eigenschaften zentrieren, um das „Alles annehmen" und das „Unterscheiden können" zu erlernen. Um nun an unseren Themen zu arbeiten, gehen wir Schritt für Schritt die einzelnen Eigenschaften durch, einerseits um diese zu verstehen, andererseits um Ihre sechs gewählten Eigenschaften zu bearbeiten.

Die nachfolgenden Seiten beinhalten eine Erklärung zu den Eigenschaften, praktische Beispiele und am Ende die Gebets-Affirmation (eine wirkungsvolle Art von mentaler *und* spiritueller Programmierung) zur Auflösung des Themas. Wie man mit der Affirmation arbeitet, wird später im Buch ganz genau beschrieben. Wichtig ist momentan nur, dass Sie sich die zu Ihren Themen gehörenden Affirmationen notieren.

Zum Beispiel könnte auf dem Zettel stehen: „Thema Verschweigen – *Durch deinen Schutz und deine Liebe, Gott, lerne ich zu vertrauen und spreche.*"

Die Wahl, die Sie vorhin getroffen haben, beschreibt Ihre Resonanzen. Also jene Anteile, die in Ihnen selbst noch verankert sind und dadurch unbewusst in Ihnen Resonanz auslösen.

Zur Erklärung noch ein Beispiel:

Sie haben unter Umständen „Selbstdarstellung" ausgewählt, weil Sie jemanden kennen, an dem Sie diese Eigenschaft ganz besonders stört. Es gibt nun folgende Möglichkeiten:

1. Sie selbst tendieren zur „Selbstdarstellung" und eine Person mit dem gleichen Thema löst sehr oft starke Resonanz aus. In diesem Fall wurde das positive „Sich zeigen" zur Selbstdarstellung.
2. Sie selbst leben den Gegenpol der „Selbstdarstellung", also die „Selbstunterschätzung". Man spricht dann davon, dass das positive „Unbemerkt bleiben" zur „Selbstunterschätzung" wurde.
3. Sie haben die Eigenschaft „Sich zeigen" noch nicht erlernt.
4. Schließlich könnte es sein, dass Sie das „Unbemerkt bleiben" noch nicht erlernt haben.

Eine dieser Möglichkeiten ist der Grund für die Resonanz auf die gewählte Eigenschaft. Auf den nachfolgenden Seiten sind die Eigenschaften genau erklärt, damit Sie erkennen können, welche der vier Möglichkeiten bei dem jeweiligen Thema auf Sie zutrifft. Sie sollten jedoch immer alle Ausführungen zu den Themen lesen, die in derselben Zeile der von Ihnen gewählten Eigenschaft stehen. Nur so können Sie Ihre Problematik bestmöglich erkennen.

Thema „Schweigen" –
zwischen „Verschweigen" und „Reden"

„Zwei Dinge sind schädlich für jeden, der die Stufen des Glücks will ersteigen. Schweigen, wenn es Zeit ist zu reden, und reden, wenn es Zeit ist zu schweigen."

Friedrich von Bodenstedt (1819–1892),
Lyriker und Übersetzer

Die Eigenschaft des Schweigens zu integrieren bedeutet: Ich bin in der Lage, meinen Redeschwall zu kontrollieren und anderen Menschen zuzuhören. Schweigen wird dann negativ eingesetzt, wenn es zum Verschweigen wird. Wenn ich anderen Menschen durch meinen Ausdruck helfen könnte, aber aufgrund eigener Ängste schweige. Dann wird das göttliche Schweigen zum Verschweigen, welches an sich zwar auch göttlich ist (da alles Teil der Schöpfung ist), aber durch die Anwendung zu persönlichem Leid führen wird. Stellen Sie sich daher folgende Fragen:

Wenn das „Schweigen" noch nicht integriert wurde:
- Fällt es mir in Gruppen schwer, ruhig zu bleiben? Habe ich so viel zu erzählen?
- Höre ich eher selten zu, bin ich eher der Unterhaltungstyp?
- Werde ich in meiner Familie oft kritisiert, dass ich zu viel rede?

Wenn das „Schweigen" zum „Verschweigen" wurde:
- Sage ich Dinge aus Angst nicht?
- Schweige ich aus Angst vor Konsequenzen?

- Meine ich, dass es mir nicht zusteht, zu einem angesprochenen Thema etwas zu sagen?

Je nachdem, wie Ihre Antworten ausfallen, sehen Sie schon, wo Ihr Thema liegt. Es kann sein, dass Sie entweder mehr zum Verschweigen oder mehr zum Reden tendieren. In jedem Fall werden Sie erkennen, ob Sie in allen Situationen schon gelernt haben, Schweigen positiv einzusetzen.

Affirmationen zur Auflösung:
- Wenn man „Schweigen" noch nicht integriert hat: *Durch Gottes Liebe werde ich ruhig und gelassen. Ich bin die vollkommene Ruhe.*
- Wenn „Schweigen" zum „Verschweigen" wurde: *Durch deinen Schutz und deine Liebe, Gott, lerne ich zu vertrauen und spreche. Ja, ich fühle mich sicher und stark. Ja, jetzt spreche ich!*

Thema „Reden" –
zwischen „Schweigen" und „Schwatzen"

Wie alle Eigenschaften kann man auch das Reden positiv und negativ anwenden. *Reden an sich* ist weder positiv noch negativ, es geht wiederum um die Anwendung im Alltag. Positiv angewendet ist Reden integraler Bestandteil des menschlichen Miteinanders. Ich enthalte keine Informationen vor, spreche offen und ehrlich mit meinen Mitmenschen. Falsch angewendet wird das Besprechen von Dingen zum negativen Schwatzen. Hierbei bringe ich anderen Menschen meine Sichtweisen näher, egal ob sie es wollen oder nicht. In diesem Fall geht es nicht mehr um den anderen, sondern nur *um mich selbst*, mich selbst reden zu hören und Dinge loszuwerden. Vergessen Sie aber nicht, dass beim Reden immer ein Energietransfer stattfindet. Es kann bei positiver Anwendung heilsam und Ordnung schaffend sein; bei negativer Anwendung als „Schwatzen" wird es zum Energievampir. Der Empfangende wird beim Schwatzen mit Dingen überhäuft, die er nicht hören will. Eventuell fühlt er sich energetisch ausgelaugt, wenn der Redeschwall dann vorüber ist. Wir sehen also, dass es an meiner Wahl des Mittels liegt, Reden positiv anzuwenden und wenn Reden notwendig ist, nicht ins Schweigen oder Schwatzen zu verfallen.

Folgende Fragen werden bei Ihnen auf Resonanz stoßen, wenn „Reden" noch nicht integriert wurde:
- Kommuniziere ich ungern?
- Bereitet mir der Gedanke, vor einer großen Gruppe zu sprechen, Unwohlsein?
- Habe ich Angst, meine Meinung zu sagen?

Wenn „Reden" schon zum „Schwatzen" wurde:
- Rede ich immer und gerne, koste es den anderen, was es wolle?
- Erzähle ich Dinge, die mir im Vertrauen gesagt werden, meistens weiter?

Wiederum werden Sie jetzt anhand Ihres Gefühls erkennen, wo Ihr Thema liegen könnte. Sie haben entweder das Reden positiv integriert oder tendieren noch zum Schweigen oder aber auch zum Schwatzen. Wer Schwierigkeiten hat, offen und ehrlich Dinge auszudrücken, leidet oft an einem Mangel an Selbstwert und hat noch nicht erkannt, selbst göttlich und frei zu sein.

Affirmationen zur Auflösung:
- Wenn „Reden" noch nicht integriert wurde: *Gottes Liebe verwandelt meine Gefühle in heilende Worte. Ja, ich rede!*
- Wenn „Reden" schon zum „Schwatzen" wurde: *Gott liebt mich, ich bin glücklich und ruhig. Ja, ich höre zu! Nicht mein Wille geschehe, sein Wille geschehe.*

Thema „Unbeeinflussbarkeit" –
zwischen „Empfänglichkeit" und „Starrsinn"

Es gilt, die Eigenschaft der Unbeeinflussbarkeit in sein Leben zu integrieren. Worin sollte ich unbeeinflussbar sein? Im Grunde meine ich die niederen Instinkte, die dunkleren Aspekte des Lebens, des Sichauslieferns an selbstzerstörerische Aktionen. Positiv angewendet sollten wir in der Lage sein, von unangenehmen Dingen und Überredungen in unserem Umfeld unbeeinflusst zu bleiben. Gefahr lauert, wenn ich in einer Situation, in der ich standhaft sein sollte, empfänglich bin. Wenn ich wie ein Schwamm alles ohne Unterscheidung in mich aufnehme, wirkt sich dies negativ auf mich aus. Positive Empfänglichkeit hingegen lässt mich wachsen und ist von einem guten Gefühl begleitet. Unbeeinflussbarkeit, negativ angewandt, kann mich aber ebenso in Isolation und Starrsinn führen. In diesem Fall zählt nur noch meine eigene Meinung, mein eigener Glaube.

Zur Erläuterung drei Beispiele aus unserer Praxis:

Ein Jugendlicher hatte Freunde, die ihn zu überreden versuchten, harte Drogen zu nehmen. Er spürte in sich, dass ihm dies schaden und er einen Weg beschreiten würde, der mit Leid verbunden wäre. In seinem hin- und hergerissenen Sein fing er an, sich mit dem dahinterliegenden Thema zu befassen. Schnell fand er heraus, dass Unbeeinflussbarkeit und Standhaftigkeit gefragt waren. Affirmationen halfen ihm, mit dieser Situation leichter umgehen zu können.

Eine Frau verbrachte viel Zeit mit ihrer über ihr Leid klagenden Mutter. Diese wiederholte ständig, wie schlecht das Leben sei, dass es eigentlich nicht wert sei, zu leben. Jede Zusammenkunft mit der Mutter brachte der Frau ein unangenehmes Gefühl in der Magengrube. Die Mutter setzte unbewusst das Mittel der emotionalen Erpressung ein, um von ihrer Tochter das zu bekommen, was sie wollte: Aufmerksamkeit. Die Mutter tat dies, indem sie Sätze wie die folgenden einsetzte: „Wenn du nicht hier bist, geht es mir umso schlechter", „Ohne dich merke ich, wie es bergab geht". In dieser Situation war Unbeeinflussbarkeit der Tochter gefragt, damit sie nicht zu empfänglich für negative Emotionen der Mutter würde. Der Frau half es, mittels Affirmation zu erfahren, aus Mit**gefühl** nicht Mit**leid** werden zu lassen. Denn im Mit**leid** hätte sie mitgelitten, womit niemandem geholfen gewesen wäre. Sie erkannte aber ihr eigenes Lernthema in der Unbeeinflussbarkeit gegenüber ihrer Mutter, und dass es nicht an der Mutter allein gelegen hatte. Sie fing an, sich mit der Affirmation auseinanderzusetzen und die Beziehung der beiden änderte sich in kürzester Zeit.

Ein hilfesuchender Mann klagte darüber, dass er sich von niemandem in der Familie verstanden fühlte. Er war erbost, dass er immer allein gelassen wurde und sich keiner mit ihm befassen wollte. Für uns als Geistheiler war erkennbar, wie stur und unbeweglich der Mann in seinem Denken war. Selbst in der Heilarbeit war es schwierig, zu ihm vorzudringen. Trotz alledem war das Leid weit genug fortgeschritten: Er war bereit, die Gebets-Affirmationen zu versuchen. Diese Bereitschaft reichte aus, ihn aus seinem isolierten Denken und damit aus seiner psychischen wie physischen Isolation in der Familie zu befreien.

Folgende Fragen werden bei Ihnen auf Resonanz stoßen, wenn „Unbeeinflussbarkeit" noch nicht integriert wurde:
- Fällt es mir schwer, standhaft zu bleiben, selbst wenn ich spüre, dass ich etwas machen soll, was mir nicht guttut?
- Habe ich Angst, für etwas einzustehen?
- Habe ich Angst, gegen den Strom zu schwimmen, fürchte ich mich vor Schwierigkeiten?
- Sagen mir andere Menschen, was zu tun ist oder wie ich mich verhalten soll?
- Fällt es mir schwer, „Nein" zu sagen?
- Lasse ich mich von anderen Menschen zu negativen Gedanken hinreißen?

Oder wenn „Unbeeinflussbarkeit" zum „Starrsinn" geworden ist:
- Glaube ich, dass nur das, was ich tue, richtig ist?
- Glaube ich, dass alles besser wäre, wenn die anderen so wären wie ich?
- Ich zeige es doch allen, wie es richtig geht – wieso folgen mir die Menschen nicht?
- Bin ich überzeugt, dass es nicht an mir liegt, sondern an meinem Partner? Sage ich dies meinem Partner sehr oft?

Anhand der Fragen werden Sie erkennen, ob Sie die Unbeeinflussbarkeit schon integriert haben oder diese negativ zur Isoliertheit bzw. zum Starrsinn wurde. Sofern Sie erkannt haben, dass hier Handlungsbedarf besteht, notieren Sie bitte wieder das Lernthema (z. B. „Unbeeinflussbarkeit noch nicht integriert") und die dazugehörige Affirmation.

Affirmationen zur Auflösung:
- Wenn die „Unbeeinflussbarkeit" noch nicht integriert ist: *Durch Gottes Liebe werde ich stark, ich habe ein Recht auf mein Nein.*
- Wenn „Unbeeinflussbarkeit" schon zum „Starrsinn" geworden ist: *Durch Gottes Liebe bin ich jetzt offen und empfänglich. Ja, ich höre zu und lerne!*

Thema „Empfänglichkeit" –
zwischen „Beeinflussbarkeit" und „Unbeeinflussbarkeit"

Auch die Empfänglichkeit ist ins eigene Leben zu integrieren. Dies bedeutet, offen zu sein für das göttliche Licht, das Erkennen Gottes im Innen und Außen. Ich bin bereit, meine starren Gedankenmuster für Gott aufzugeben. Ich werde durchlässig für die göttliche Energie und neue Aspekte in meinem Leben, die ich noch nicht integriert habe. Negativ angewandt wird die Empfänglichkeit zur Beeinflussbarkeit oder im Gegenpol zur

Unbeeinflussbarkeit. Im Folgenden finden Sie hierzu zwei Beispiele:

Ein Mann litt unter Prostata-Krebs. Sein eigener, von ihm als einzig richtig anerkannter Lebensweg hatte ihm die Krankheit beschert. Seine unterdrückten Aggressionen hatten sich ein Ventil im Körper gesucht, eben in Form jener Krankheit. Als man ihm einfühlsam erklärte, was es zu ändern galt, wurde er aggressiv und titulierte die Hilfestellung als „Schwachsinn". Im Grunde wollte er zwar den schulmedizinischen Weg mit Chemotherapie und Tabletten einschlagen, gleichzeitig aber etwas „Geistheilung" in Anspruch nehmen, ohne die Bereitschaft mitzubringen, selbst am eigenen Thema zu arbeiten. Seine Worte waren: „Lieber nehme ich täglich die Tabletten, als mit einer Affirmation zu arbeiten, dies ist mir zu aufwändig." Auf der unterbewussten Ebene wollte er in Unbeeinflussbarkeit verhaftet bleiben. Hier wäre eben Empfänglichkeit gefragt gewesen, die er leider noch nicht integriert hatte und daher litt. Am Heilungsweg ließ er sich dennoch zur Heilaffirmation bewegen. Es brauchte einige Zeit, bis er bereit war, „Empfänglichkeit" anzunehmen, doch damit wurde der Heilungsverlauf positiv verändert.

Eine Frau, die unter Brustkrebs litt, entschied sich, ausschließlich einen alternativen Heilungsweg einzuschlagen. Sie verweigerte jede Form von schulmedizinischer Behandlung. Der Heiler, zu dem sie ging, behauptete jedoch, sie hätte überhaupt keinen Krebs. Er schaffte es, die Hilfesuchende so stark zu beeinflussen, dass diese nicht mehr auf ihre innere Stimme horchte, sondern dem Heiler hörig wurde. Der Tumor wurde mit der Zeit immer größer, doch sie konnte sich nicht aus der Beeinflussbarkeit befreien. Erst durch einen Impuls von außen wurde sie wachgerüttelt und hinterfragte ihre Situation. Sie begann schließlich einen schulmedizinischen Heilungsweg, begleitet von alternativen Behandlungsmethoden inklusive der Arbeit mit Affirmationen. Nun arbeitete sie auch an ihrer falsch verstandenen Empfänglichkeit und lernte ihre innewohnende Kraft kennen. Diese befähigte sie, die notwendigen Umstände zu ändern, welche ihr Leben so lange seelisch belastet hatten. Aus der ursprünglichen Beeinflussbarkeit wurde ein normales Maß an Empfänglichkeit. Hierbei half ihr das „Unterscheiden können".

Folgende Fragen werden bei Ihnen auf Resonanz stoßen, wenn „Empfänglichkeit" noch nicht integriert wurde:
- Fühle ich Unbehagen, wenn es zu Veränderung in meinem Leben kommt?
- Habe ich Angst vor Neuem in meinem Leben?
- Glaube ich, dass es keinen Grund mehr gibt, mich zu verändern? Glaube ich, dass ich in meinem Leben schon alles erreicht habe, leide aber noch unter physischen oder psychischen Beschwerden?
- Bin ich überzeugt, zu alt zu sein, um mich noch zu ändern?

Wenn „Empfänglichkeit" zur „Beeinflussbarkeit" wurde:
- Ist die Meinung anderer wichtiger als meine eigene?
- Folge ich der Richtung, die andere Menschen mir vorgeben?
- Verlasse ich mich ungern auf mein Bauchgefühl, denn andere Menschen scheinen es einfach besser zu wissen?
- Bin ich schnell von etwas begeistert? Erzähle ich dies gleich jedem?

Anhand der Aussagen erkennen wir sofort, ob wir zur Beeinflussbarkeit tendieren oder Empfänglichkeit noch nicht erlernt haben. Wie bei allen Themen wird sich das Ego sofort dagegen wehren, sich zu verändern – ganz besonders beim Thema „Empfänglichkeit". Das Ego wird versuchen, Sie davon zu überzeugen, dass alles, was Sie tun, genau jetzt und in dieser Form richtig und daher keine Veränderung notwendig sei. Doch wenn dem so wäre, hätten Sie den Baum der Erkenntnis schon erklommen. Dann brauchten Sie dieses Buch nicht mehr zu lesen. Doch auch hierfür gibt es einen einfachen Test. Bitte suchen Sie ein Gewässer und gehen Sie dort über das Wasser. Bei Erfolg schreiben Sie mir bitte, denn dann möchte ich mich mit

Ihnen unterhalten, da ich viel von Ihnen lernen werde. Wenn Sie untergehen und offensichtlich doch noch an sich arbeiten müssen, schreiben Sie „Empfänglichkeit" und die betreffende Affirmation auf Ihren Zettel.

Affirmationen zur Auflösung:
- Wenn man „Empfänglichkeit" noch nicht integriert hat: *Ich öffne mich der Liebe Gottes, ja, ich werde ruhig und höre zu.*
- Wenn „Empfänglichkeit" schon zur „Beeinflussbarkeit" geworden ist: *Es ist soweit, nur Gottes Liebe leitet mich und hilft mir zu unterscheiden. Ich fühle mich sicher und geborgen. Die innere Stimme zeigt mir jetzt den Weg.*

Thema „Gehorchen" –
zwischen „Unterwürfigkeit" und „Herrschen"

Die Qualität des Gehorchens bezieht sich auf den göttlichen Willen – den göttlichen Plan. Es ist dies der Plan der Liebe, Erfahrung und der daraus resultierenden Entwicklung. Alles spiegelt sich im Großen wie im Kleinen wider. Das Gehorchen wird im Leben eines Menschen zuerst gegenüber den leiblichen Eltern gelernt. Ist die Familienbeziehung seelisch gesund und von Liebe getragen, wird alles, was die Eltern für ein Kind tun, einzig und allein dem höheren Wohl des Kindes dienen. In diesem Fall muss das Kind die Eigenschaft des Gehorchens erlernen. Während Elternschaft auch misslingen kann und Anweisungen der Eltern manchmal mehr von Ego-Themen als von bedingungsloser Liebe geleitet sind, ist dies bei „Vater und Mutter – Gott" ganz anders. Gott ist die bedingungslose Liebe, welcher wir vollkommen vertrauen können. Es gilt, die Qualität des Gehorchens in Bezug auf Gottes Botschaft der Liebe zu entwickeln. Doch wie offenbart sich dieser göttliche Wille?

- Einerseits durch die innere Stimme, das eigene Gewissen.
- Andererseits durch Menschen, welche die selbstlose, „gleichgültige Liebe" erlernt haben und sich deshalb „spirituelle Meister" nennen können, wie zum Beispiel Jesus Christus einer war.

Um erkennen zu können, was göttlicher Wille ist und was aus Ego-Themen heraus entsteht, brauchen wir die Geisteskraft der Unterscheidung. Wenn man die Kraft des Gehorchens negativ anwendet, also *entgegen* dem Willen Gottes arbeitet, wird das Gehorchen zur Unterwürfigkeit oder zum Herrschen.

Folgende Fragen werden bei Ihnen auf Resonanz stoßen, wenn „Gehorchen" noch nicht integriert wurde:
- Habe ich Angst, meine Situation zu verändern, obwohl ich meine innere Stimme ganz genau höre und handeln sollte?
- Habe ich Angst, mich einem Konflikt zu stellen, obwohl ich genau weiß, ich sollte dies tun?
- Höre ich den inneren Ruf meines Herzens, doch ich kann ihm nicht folgen, weil ...?
- Innere Stimme? Welche innere Stimme? Die höre ich schon lange nicht mehr.

Wenn „Gehorchen" zur „Unterwürfigkeit" wurde:
- Verfügen andere Menschen über mich?
- Lasse ich es zu, dass meine Familie bestimmt, was ich zu tun habe?
- Ist es ein wichtiger Bestandteil meines Glaubens, dass ich Würdenträgern meines Glaubens gehorchen muss?
- Darf ich die weltlichen Vertreter meines Glaubens nicht in Frage stellen?
- Ist es mir untersagt, Personen, Dinge oder Situationen in meinem Leben zu hinterfragen?

Beispielhaft sei hier eine Frau erwähnt, die eines Tages zu uns in die Praxis kam. In unterwürfiger Selbstaufgabe nahm sie viele Jahre lang in der Beziehung entgegen ihrer inneren Überzeugung Lieblosigkeiten hin, um einem Konflikt mit dem

Ehepartner aus dem Weg zu gehen. Ihr tiefes inneres Motiv hierfür war Angst. *Sie missbrauchte die Kraft des Gehorchens und war unterwürfig, folgte damit nicht dem Plan Gottes, Liebe in ihr selbst und damit Gott in ihr zu entfalten. Diese Geisteshaltung führte zu zahlreichen körperlichen Beschwerden. Wir arbeiteten mit Affirmationen zum Thema Unterwürfigkeit. Schon nach einem Monat hatte sie diese Eigenschaft abgelegt und ihr Leben veränderte sich.*

Sofern Sie hier erkannt haben, dass Handlungsbedarf besteht, notieren Sie bitte wieder das Thema und die dazugehörige Affirmation.

Affirmationen zur Auflösung:
- Wenn „Gehorchen" noch nicht integriert wurde: *Ich bin die Liebe Gottes; Gott zeigt mir den Weg; Gott führt mich und ich folge.*
- Wenn „Gehorchen" zur „Unterwürfigkeit" geworden ist: *Durch die Kraft Gottes in mir manifestiert sich nun göttliche Liebe in meinem Leben. Ich fühle die neue Kraft in mir. Ich werde stark und handle!*

Thema „Herrschen" –
zwischen „Gehorchen" und „Tyrannei"

Viele werden bei diesem Thema Resonanz spüren. Es liegt vielleicht jenseits der eigenen Vorstellungskraft, wie „Herrschen" positiv angewandt werden kann. Diese Resonanz zeigt, dass eben das Thema des Herrschens noch nicht integriert wurde, also daran gearbeitet werden muss. Ziel ist die eigene, durch Liebe geleitete Willenskraft, andere Menschen in Liebe zu sich selbst und zu Gott zu führen.

- Je mehr Paare der Zwillingseigenschaften „beherrscht" werden, desto stärker wird diese Willenskraft.

- Je stärker diese Liebesenergie fließt, desto größer wird die Fähigkeit der aktiven Veränderung der Realität. Dies bezieht sich auf alles – Gesundheit, Beziehungen, Geld etc.
- Die Geisteskraft des Herrschens durch Liebe ist der heilige Schlüssel, der Gral für das Gesetz der Fülle. Durch diese Geisteskraft wird das bewusste Verändern der Realität möglich.

Der weise Herrscher wird von Liebe getragen. Er setzt die Qualität des Herrschens dafür ein, schwächere und unwissende Menschen zur Liebe zu führen, ohne ihren freien Willen zu verletzen.

Wird diese Geisteskraft aus Lieblosigkeit und aus egoistischen Gründen eingesetzt, wird sie zur negativen Tyrannei.

Zwei Beispiele aus der Geschichte:
- Mohandas Karamchand (Mahatma) Gandhi hatte die Geisteskraft des Herrschens voll integriert. Er führte sein Volk in Liebe und Demut, war bereit, sich für das Wohlergehen seiner Mitmenschen und das höhere Ziel einzusetzen. Die Menschen folgten ihm, waren bereit, viel auf sich zu nehmen, da sie die Geisteskraft in ihm spürten. Es war der Weg der Gewaltlosigkeit, der die Taten von Gandhi berühmt werden ließ. *"Auge um Auge und die Welt wird blind." – "Gewalt ist die Waffe des Schwachen." – "Sei du selbst die Veränderung, die du dir wünschst."* – und: *"Es gibt keinen Weg zum Frieden – der Frieden ist der Weg."*
- Adolf Hitler verwendete die Geisteskraft des Herrschens, um ego-behaftete Themen zu verwirklichen. Getrieben von eigenen Ängsten, Zweifeln und den dadurch verzerrten Glaubensmustern wurde er zum Tyrannen, dem ebenfalls viele Menschen folgten.

In beiden Fällen wurde die gleiche geistige Grundkraft verwendet, jedoch einmal im göttlichen Sinn und ein anderes Mal negativ. Trotzdem folgten Menschen in beiden Fällen. Dies zeigt uns, welche Kraft in der Geisteskraft des Herrschens steckt. Wenn Sie sich nun fragen, ob diese Geisteskraft im Alltag überhaupt eine Rolle spielt, kann ich dies mit einem klaren „Ja" beantworten. Die Qualität des Herrschens sehen wir täglich positiv aufbauend und negativ zerstörend angewandt auf allen gesellschaftlichen Ebenen:

- in der Familie,
- im Beruf,
- in der Politik,
- auf globaler Ebene.

Nehmen Sie sich nur kurz Zeit und denken Sie über Ihre eigene persönliche Führung bzw. Führung anderer in Ihrer Familie, in Ihrer Firma, in Ihrem Land nach.

- Ist diese getragen von Liebe?
- Dient diese Führung den „Untertanen"?
- Oder aber dient sie der Verwirklichung egoistischer Zwecke?

Entscheiden Sie, ob es wirklich rechtens ist, sich in so vielen Angelegenheiten auf Gott zu berufen, wie dies zahlreiche Menschen gerne tun. Die Weltpolitik ist leider voll von Beispielen negativ angewandter Formen des Herrschens. Doch Veränderung geschieht im Kleinen, auf der Ebene der Familie. Dies ist auch der Grund, warum gerade Sie sich jetzt kritisch fragen sollten, wie Ihre persönliche Führung aussieht. Haben Sie das „Herrschen in Liebe" schon integriert? Oder sind Sie zum Tyrannen geworden, welchem die eigenen Ziele wichtiger sind als das Wohlergehen der anderen? Wie immer, notieren Sie sich das Thema und die dazugehörige Affirmation, wenn notwendig.

Folgende Fragen werden bei Ihnen auf Resonanz stoßen, wenn „Herrschen" noch nicht integriert wurde:
- Fällt es mir schwer vorzustellen, andere Menschen zu führen?
- Vermeide ich es, Gruppen zu leiten?
- Glaube ich, dass es immer jemanden geben wird, der etwas garantiert besser macht als ich selbst?

- Wie soll ich einem Schwachen helfen? Ich bin doch selbst so schwach.

Wenn „Herrschen" zur „Tyrannei" geworden ist:
- Bin ich überzeugt, dass Menschen mir zu folgen haben – koste es, was es wolle?
- Glaube ich, dass Menschen schwach sind? Weiß ich, wie ich sie dazu bekomme, das zu tun, was ich will?
- Liebe ich es, Macht und Kontrolle auszuüben?
- Kann ich in Konflikten zynisch, sarkastisch oder bösartig werden?
- Bin ich emotional oder körperlich brutal?
- Verfolge ich einen persönlichen Zweck, wenn ich Menschen führe?

Affirmation zur Auflösung:
- Wenn „Herrschen" noch nicht integriert wurde: *Ich folge dem Ruf Gottes und erkenne meine Stärke. Ja, ich bin die Stärke. Ich liebe meine Stärke.*
- Wenn „Herrschen" zur „Tyrannei" geworden ist: *Nur Liebe fließt nun durch mich. Ich bin die lebendige Vergebung. Ich bin die Ruhe, ich bin die Vergebung, ich bin die Demut. Jetzt höre ich zu, ich lerne und folge! Ja, ich lebe und liebe.*

Thema „Demut" –
zwischen „Sich demütigen" und „Selbstvertrauen"

Auf dem spirituellen Weg der Bewusstwerdung stößt man sehr bald auf das Thema der „Demut". Je weiter man voranschreitet, desto mehr entwickelt sich die Demut vor der Schönheit und Güte Gottes. Man fühlt sich aufgehoben, geleitet und liebevoll geführt, man spürt Gott in sich als liebevolle Mutter und liebevollen Vater zugleich. Man liebt Gott mehr als alles andere in seinem Leben. Es gilt, diese Demut vor der Schöpfung zu integrieren, in Freude die Dinge zu erleben und mit ehrfürchtigem Staunen zu verehren. Dies ist die positiv angewandte Demut, erfüllt von Liebe zu Gott. Negativ angewandt wird die „Demut" zu „Sich demütigen". Der Mensch akzeptiert dann, dass seine eigene Göttlichkeit von anderen Menschen, Sachen oder Situationen untergraben wird. Sehr oft geschieht dies in der Partnerschaft, wenn eine Person bereit ist, alles zu ertragen, „um es dem Partner recht zu machen".

Die zweite Seite von Demut ist negativ angewandte Selbstsicherheit. Dies geschieht, wenn ich davon überzeugt bin, ohne Verbindung zum Göttlichen leben zu können, da ich ja alles selbst regeln kann. In diesem Fall ist die Demut noch nicht in mein Leben integriert.

Nachfolgend finden Sie wieder zwei Beispiele, um die positive und negative Anwendung aufzuzeigen:

Eine Frau, die schon in der Kindheit von ihren Eltern ständig herabgesetzt worden war, lebte in einer Beziehung. Sie wunderte sich, dass ihr Mann so herrisch und aggressiv mit ihr umging, obwohl sie doch alles für ihn tat und versuchte, es ihm recht zu machen. Als sie eines Tages stürzte und am Boden lag, kam ihr Mann und stieg über sie hinweg, um währenddessen die Situation zu kommentieren: „Du bist wirklich für alles zu blöd." Die Frau schwieg, um nicht mehr Ärger hervorzurufen, und nahm diese Situation zum Anlass, sich Hilfe zu suchen. Schnell war das Thema „Sich demütigen" gefunden, das sie mittels Affirmationen auflösen konnte. Ihre Beziehung durchlief danach große Höhen und Tiefen, da die Unordnung zuerst bereinigt werden musste. Doch anschließend begann eine gänzlich neue Beziehung, in welche nun auch gegenseitiger Respekt Einzug gehalten hat.

Ein Geschäftsmann war seinem Job sehr verhaftet. Er hatte verlernt, die Schönheit der Schöpfung zu sehen. Er lebte derart „in der Materie", dass es für ihn nichts anderes mehr gab. Visionen und Zeichen ließ er nicht zu, sondern tat sie als Hokuspokus und unrealistisch ab. Er war sehr selbstsicher und sah keinerlei Grund, sich einem – wie er es nannte – „Esoterik-Boom" hinzugeben. Er lebte nach dem Motto „Selbst ist der Mann". Ir-

gendwann führte ihn diese Lebenseinstellung zum Schmerz: Er erkrankte an Lungenkrebs. Durch diesen „Schicksalsschlag" begann er zu suchen und hörte von der Kraft der Demut. Er fing an, mit der Affirmation zu arbeiten, und setzte sich intensiv mit diesem Thema auseinander. Er wurde geheilt und lernte die Schönheit Gottes, Liebe und Güte kennen. Heute lebt er sein Leben bewusst und in Freude, statt nur zu funktionieren.

Folgende Fragen werden bei Ihnen auf Resonanz stoßen, wenn „Demut" noch nicht integriert wurde:
- Regele ich alles selbst und Gott hat keinen Platz in meinem Leben?
- Glaube ich, dass die so genannte Schöpfung ein rein physikalisches Phänomen ist? Bin ich Atheist?
- Bin ich nicht bereit, mich moralischen Regeln zu unterwerfen, denn ich sehe diese nur als Einschränkungen und Erfindungen von Menschen?
- Glaube ich, dass die Welt nur dazu da ist, urbar gemacht zu werden? Konsum ist ohne Einschränkung gut?

Wenn „Demut" zum „Sich demütigen" geworden ist:
- Lieber ignoriere ich Ungerechtigkeit, bevor ich mehr Ärger bekomme?
- Ich sehe mich als friedvoll und harmoniebedürftig an?
- Bin ich bereit, alles zu tun, um Ärger zu vermeiden?
- Sieht der andere nicht, wie ich leide? Wieso ändert er sich nicht?
- Glaube ich, dass ich nichts wert bin?

Affirmationen zur Auflösung:
- Wenn „Demut" noch nicht integriert wurde: *Ich öffne mein Herz der Liebe Gottes, ich gebe mich hin. Ich bin die Ruhe, ich höre zu und lerne. Nicht mein Wille geschehe, sein Wille geschehe!*
- Wenn „Demut" zum „Sich demütigen" geworden ist: *Gottes Liebe gibt mir jetzt Sicherheit, Geborgenheit und Stärke. Ja, Gott liebt mich, ich bin sicher und stark! Ich erkenne meine unendliche Schönheit und handle ohne Furcht!*

Thema „Selbstvertrauen" –
zwischen „Demut" und „Überheblichkeit"

Auch die Qualität des Selbstvertrauens gilt es zu erarbeiten. Viele Menschen leiden unter einem Minderwertigkeitsgefühl, das immer einen Mangel an Selbstliebe darstellt: Der betroffene Mensch fühlt sich nicht genug geliebt. Sehr oft beginnen diese Verstrickungen schon in der Kindheit. Oft sind scheinbar selbstbewusste Menschen in Wahrheit zerbrechliche Wesen, die sich alles andere als selbst gefunden haben. Selbstvertrauen kann also entweder noch gar nicht erlernt worden sein und man bewegt sich innerlich noch immer im demütigen Verhalten oder die andere Seite der Medaille spiegelt den Hochmut, also die Überheblichkeit wider. Verwechseln Sie scheinbares Selbstvertrauen, das sich als Überheblichkeit darstellt, nicht mit wirklichem Selbstvertrauen. Gerade Menschen, die zutiefst verunsichert sind, äußern sich oft laut und scheinbar überheblich. In Wirklichkeit liegt nur ein Mangel an Selbstvertrauen vor. Wirkliche Überheblichkeit entsteht durch ein überzogenes „Ich", also Ego-Empfinden: „Ich" bin das Maß aller Dinge. Hierzu ein paar Beispiele:

Eine sehr unsichere Frau hielt sich zurück, war überzeugt, dass sie viel falsch machte, wenn sie sich äußerte. Ihre Familie, ihre Arbeitskollegen, ja sogar Freunde behaupteten, dass sie wirklich viel falsch machte. Sie war fest davon überzeugt, ihre Mitmenschen hätten Recht. Allerdings wusste sie nicht, dass ihre eigene Unsicherheit nach außen strahlte und sich im Außen daher widerspiegelte. So wurde ihre Meinung von sich selbst immer wieder von anderen bestätigt, was wiederum ihre Unsicherheit noch verstärkte. Die Frau begann aktiv an ihrem Thema zu arbeiten. Sie kam als Hilfesuchende und arbeitete bald mit ihren Affirmationen. Bereits nach kurzer Zeit wurden die ersten Veränderungen sichtbar und seitdem ist diese Frau einen weiten Weg gegangen. Heute ist sie ein strahlendes Vorbild für viele und hat außerdem den Weg der Heilerin beschritten.

Eine weitere Dame war da ganz anders: Sie redete viel, war oft nicht zu stoppen. Sie sprach gerne und laut, doch wenn man mit ihr scherzte, musste man sehr aufpassen. Sie bekam schnell etwas in die falsche Kehle. In Gruppen versuchte sie, alle von ihrer Meinung zu überzeugen und zu erklären, wie weit sie schon sei. Ständige Schilderungen ihrer reichen Erfahrung schienen dies zu bestätigen. Die Menschen waren überzeugt, sie sei sehr selbstbewusst. Sie aber sah nicht gerne direkt und lange in die Augen anderer Menschen; sie fühlte sich dabei sehr unwohl. Als sie körperlich erkrankte, entschied sie sich, das Thema anzunehmen und daran zu arbeiten. Schnell verwandelte sich ihre Unsicherheit – sie wurde ruhiger. Sie hörte auf zu prahlen.

Ein Geschäftsmann liebte es, vor anderen zu stehen und zu sprechen. Es gab eigentlich nur sehr wenig, das ihn hätte aus der Bahn werfen können. Er wurde von den Menschen beachtet, strahlte eine starke Präsenz aus, doch es gab einen Wermutstropfen. Wehe demjenigen, der eine andere Meinung als er selbst vertrat! Der Mann redete so lange auf einen ein, bis man kapitulierte. Wenn man dies nicht tat, sprach er auch mit anderen Leuten darüber. Man musste ihm glauben, koste es, was es wolle. Wenn er Fortbildungskurse besuchte, meinte er mehr zu wissen als die Lehrer. Gab es eigentlich etwas, das er nicht besser wusste? Irgendwann bemerkte der Mann, wie die Menschen sich mehr und mehr von ihm abwandten. Er erkannte, dass dies nicht nur mit den anderen zu tun haben konnte, und begann, sich kritisch mit sich selbst auseinanderzusetzen. Es war ein schwieriger Weg für ihn, Schritt für Schritt seinen Hochmut loszulassen. Doch die Affirmationen halfen ihm.

Nicht integriertes Selbstvertrauen und auch Überheblichkeit sind schwierige Lernthemen, da das eigene Ego alles tun wird, eine Veränderung zu vermeiden. Widerstand tritt auf und man versucht, sich diesem Thema zu entziehen. Während es den Menschen, die Selbstbewusstsein noch nicht integriert haben, schwerfällt, sich aus der passiven Rolle wegzubewegen, sich zu verändern, ist es bei Überheblichkeit ganz anders. In dieser Situation wird nichts und niemand einen davon überzeugen können, dass man überheblich ist – das Ego hat einen fest im Griff. Hier kann man meistens nur warten, bis das Korrektiv – Leid – so sehr zugeschlagen hat, dass der Mensch bereit ist, kritisch sich selbst zu hinterfragen und anzuerkennen, dass er etwas falsch gemacht hat.

Folgende Fragen werden bei Ihnen auf Resonanz stoßen, wenn „Selbstvertrauen" noch nicht integriert wurde:
* Bestimmen andere Menschen mein Leben?
* Bin ich oft verunsichert?
* Habe ich das Gefühl, dass mich niemand versteht?
* Fühle ich mich oft allein?
* Glaube ich, dass ich nicht schön bin?

Wenn „Selbstvertrauen" zur „Überheblichkeit" wurde:
* Glaube ich, viel weiter zu sein als die meisten Menschen?
* Belehre ich andere Menschen gerne, ob sie dies wollen oder nicht?
* Habe ich jede Selbstkritik verloren, da ich glaube, über diese Begrenzung schon längst hinausgewachsen zu sein?
* Betone ich sehr gerne, dass ich ja eigentlich noch viel zu lernen habe?
* Vertrage ich keine Kritik?

Wir haben mittels dieser Sätze die Chance zu erkennen, zu welcher Seite wir tendieren. Diejenigen, die in der Überheblichkeit stehen, werden auch beim Lesen dieser Zeilen Schwierigkeiten haben, ihre Überheblichkeit anzuerkennen und nicht sofort Entschuldigungen dafür zu finden, warum das Geschriebene falsch ist. Lesen Sie die Sätze in diesem Fall noch einmal in Ruhe und erforschen Sie Ihre Gefühle selbstkritisch. Sollten Sie zur Veränderung bereit sein und hier ein Thema gefunden haben, notieren Sie bitte das Thema und die Affirmation.

Affirmationen zur Auflösung:
- Wenn „Selbstvertrauen" noch nicht integriert wurde: *Die Liebe Gottes lässt mich meine Größe und unendliche Schönheit sehen.*
- Wenn „Selbstvertrauen" zur „Überheblichkeit" geworden ist: *Ja, Gott liebt mich, so wie ich bin. Ich werde geliebt. Ich bin die Ruhe, jetzt höre ich zu und lerne. Nicht mein Wille geschehe, sein Wille geschehe! Jetzt sehe ich nur das Schöne in den Anderen und arbeite an meinen Fehlern. So sei es.*

Thema „Besonnenheit" –
zwischen „Trägheit" und „Schnelligkeit"

Die Geisteskraft der „Besonnenheit" beinhaltet eine besondere Stärke: Sie strahlt Ruhe aus, befähigt den Menschen, weise Entscheidungen zu treffen. „Besonnenheit" ist ein hoher Geisteszustand. Negativ angewandt wird „Besonnenheit" zur „Trägheit", die mich unbeweglich macht und erstarren lässt. Wer träge ist, sollte diese negative Eigenschaft als Erstes auflösen. Denn „Trägheit" hemmt den Vorgang der Auflösung anderer Themen, da man eben zu träge ist, an den Themen zu arbeiten. Wenn „Besonnenheit" noch nicht integriert wurde, bewegt man sich momentan noch in der „Schnelligkeit". Dies führt ebenfalls zu einer Reihe von Problemen.

Beispiele aus der Arbeit mit Hilfesuchenden:

Eine junge Mutter lebte mit ihrer Familie in einem großen Haus. Es fiel ihr oft schwer, sich zur Hausarbeit zu überwinden. Wenn Arbeiten notwendig waren, neigte sie dazu, diese lieber aufzuschieben. Ihr Mann war keine wirkliche Unterstützung, da auch er, wie er von sich sagte, Dinge lieber langsamer anging. Außerdem rauchte er und meinte, der richtige Tag zum Aufhören würde schon irgendwann kommen. Sie erkannte, dass sie sehr in der Trägheit gefangen war. Sie hatte immer gehofft, dass ihr Mann die ersten Schritte setzen würde, doch dies geschah nicht. Sie fing an, die Affirmationen zum Thema Besonnenheit zu sprechen. Vor kurzem hörten wir, wie frei und leicht sie sich nun fühlt. Sie hat ihre Handlungsfähigkeit wiedergefunden und die Trägheit hat sich zu einem gesunden Maß an Besonnenheit verwandelt.

Ein Banker traf Entscheidungen stets sehr schnell. Er hasste Aufschub und war überzeugt, dass es wichtig war, rasch zu handeln. Manchmal hatte ihm dies große Probleme bereitet. Er neigte dazu, zu schnell und zu emotional seinen Kollegen Antworten auf Mails zu schreiben, bei denen er besser einen Tag gewartet hätte. Doch es fiel ihm so schwer, etwas aufzuschieben oder sich zuerst zu beruhigen. Nachdem seine Schnelligkeit eines Tages zu einem Eklat in der Firma geführt hatte, entschied sich der Mann, dass es an der Zeit war, etwas an sich zu ändern. Er begann, die Affirmationen zum Thema Besonnenheit zu sprechen. Er wiederholte diese jeden Tag und spürte innerhalb kürzester Zeit, wie diese sein Leben zum Besseren veränderten.

Folgende Fragen werden bei Ihnen auf Resonanz stoßen, wenn „Besonnenheit" noch nicht integriert wurde:
- Fällt es mir schwer, unter Druck ruhig zu bleiben?
- Treffe ich Entscheidungen meistens rasch?
- Reagiere ich oft emotional und heftig?
- Bin ich ungeduldig?

Wenn „Besonnenheit" zur „Trägheit" wurde:
- Fällt es mir schwer, mich zu etwas zu motivieren?
- Glaube ich, dass passive Freizeitaktivitäten wie Fernsehen zu meiner Entspannung nach einem langen Tag dienen?
- Fällt es mir schwer, Veränderung in meinem Leben umzusetzen?

Affirmationen zur Auflösung:
- Wenn „Besonnenheit" noch nicht integriert wurde: *Durch Gottes Liebe werde ich ruhig und alles wird klar.*

- Wenn „Besonnenheit" zur „Trägheit" geworden ist: *Ich öffne mein Herz meiner Verwandlung. Gottes Liebe strömt durch mich. Ich bin die Kraft, Sicherheit und Stärke. Der Heilige Geist fließt nun durch mich, ich lebe, ich liebe, ich stürme voran!*

Thema „Schnelligkeit" –
zwischen „Besonnenheit" und „Übereifer"

In vielen Situationen des Lebens gilt es, „Schnelligkeit" zu besitzen. Gerade in kritischen Situationen muss der Mensch schnell reagieren können, bereit sein, in Sekundenbruchteilen „Für und Wider" abzuwägen, um dann eine Entscheidung zu treffen. In manchen Situationen können solche Entscheidungen über Leben und Tod entscheiden. „Schnelligkeit" und „Beweglichkeit" im Geiste sind ebenso wichtig wie „Besonnenheit". Sehr oft wälzt man anstehende Entscheidungen hin und her und hofft darauf, dass einem die Entscheidung abgenommen wird. Dies ist ganz besonders der Fall, wenn „Schnelligkeit" noch nicht integriert wurde und man in der „Besonnenheit" verhaftet geblieben ist. Wenn die „Schnelligkeit" im Übermaß gelebt wird, bewegt man sich zur Charaktereigenschaft des „Übereifers", welche genauso problematisch ist. „Übereifer" wird selten belohnt. Übereifer erzeugt in der Umwelt meistens Ablehnung wie jede der negativ angewandten Charaktereigenschaften. Hierzu Beispiele aus der Praxis:

Ein Florist hatte in seinem Leben schon viel erlebt. In seiner Umwelt galt er als ruhiger, ausgeglichener Mensch. Von sich selbst sagte er, dass die Menschen nicht wirklich wüssten, was in ihm vorgehe. Wenn Entscheidungen anstanden, ließ er sich gerne Zeit, überdachte diese, um ja den richtigen Weg einzuschlagen. Der Mann hatte vor einiger Zeit eine Frau kennengelernt. Er wusste, dass sein Umfeld stark auf diese Frau reagieren würde, da sie doch viel jünger war als er selbst. Um Gerede zu vermeiden, entschloss er sich, die Beziehung vorerst geheim zu halten. Nach mehreren Monaten kam es zu Spannungen. Seine Freundin wurde es leid, zu warten und ihn im Geheimen treffen zu müssen. Sie wünschte sich einen Mann an ihrer Seite und kein heimliches Verhältnis. Er jedoch meinte, er hätte noch so viel zu bedenken – da waren seine Familie, die Firma, die rechtliche Situation usw. Der Mann kam aus dem Denken nicht mehr heraus. Er war unfähig, beherzt und rasch zu handeln, zu viel gab es vorher zu überlegen. Gleichzeitig spürte er aber, dass es ihm an Schnelligkeit fehlte, dass dies ein Grund für die Probleme war. Zu sehr war er noch in Besonnenheit verhaftet, die ihn lähmte. Er begann, mit der Affirmation zum Thema Schnelligkeit zu arbeiten, und sein Leben veränderte sich. Kurze Zeit später war er in der Lage, schneller im Vertrauen auf das Gute zu reagieren, ohne ständige Angst vor den Konsequenzen. Er entschied sich, seine Beziehung öffentlich zu machen, und klärte seine Familie und Freunde auf. Die eigene göttliche Kraft hatte ihm Mut gegeben und geholfen, schneller zu handeln.

Ein anderer Mann verstand die Welt nicht mehr. Er hatte seinen Eltern nur eine Freude machen wollen, doch sie hatten ungehalten reagiert. Am Tag zuvor hatten sie darüber gesprochen, wie gut eigentlich Haustiere seien. Wieso freuten sie sich also nicht über den Hund, den er ihnen am nächsten Tag schenkte? Eigentlich passierte dies oft: Während er versuchte, Menschen zu erfreuen, reagierten diese „so seltsam", wie er es nannte. Er wusste doch genau, was sie wollten, und las ihnen ihre Wünsche von den Augen ab – und dann immer wieder das! Seine Freunde hatten ihn schon mehrmals darauf hingewiesen, ruhiger zu werden, einfach einmal abzuwarten, doch wozu? Vom Warten, dachte er, wird die Welt nicht besser... Aufgewühlt von den immer wiederkehrenden Rückschlägen, begann er, sich selbst zu hinterfragen. Er erkannte, dass er zu übereifrig war. Gleichzeitig las er in einem Buch von der Kraft der Besonnenheit und fing an, Affirmationen zu sprechen, um dieses Thema aufzulösen. Er wurde ruhig und die Menschen achteten ihn dafür.

Folgende Fragen werden bei Ihnen auf Resonanz stoßen, wenn „Schnelligkeit" noch nicht integriert wurde:
- Fällt es mir schwer, schnelle Entscheidungen zu treffen?
- Habe ich Angst, meine Entscheidungen könnten falsch sein?
- Mache ich mir Sorgen, dass meine Entscheidungen Mitmenschen verletzen könnten?
- Brauche ich grundsätzlich sehr viel Zeit, um Dinge zu regeln?

Wenn „Schnelligkeit" zu „Übereifer" wurde:
- Wenn ich Dinge sehe, reagiere ich dann sofort – ohne weiter zu fragen? Schieße ich manchmal über das Ziel hinaus?
- Suche ich immer und überall die perfekte Lösung?
- Haben meine schnellen Entscheidungen schon mehrmals zu Problemen geführt?
- Will ich es den Menschen recht machen, und handle ich deswegen sofort?

Affirmationen zur Auflösung:
- Wenn „Schnelligkeit" noch nicht integriert wurde: *Gottes Liebe gibt mir Sicherheit und Kraft, jetzt das Richtige zu tun.*
- Wenn „Schnelligkeit" zu „Übereifer" geworden ist: *Gottes Liebe fließt nun durch mich. Die Liebe gibt mir Ruhe, Kraft und Geborgenheit. Ich bin die vollkommene Ruhe, ich darf sein, in Liebe für alle Zeit.*

Thema „Alles annehmen" –
zwischen „Teilnahmslosigkeit" und „Unterscheiden können"

In seinem Leben wird man immer wieder mit Zeichen, Veränderungen, ja mit göttlichen Hinweisen beschenkt. Diese offenbaren sich auf vielfältige Weise, sei es in der Form, dass ein Mensch mit bestimmten Verhaltensweisen in unser Leben tritt, sei es als ein Schicksalsschlag. Es ist wichtig, diese Hinweise zu erkennen und den göttlichen Aspekt anzunehmen. Das Erkennen des Sinns des Lebens, das Annehmen der göttlichen Fügung, ist eine wichtige Eigenschaft, die es zu erlernen gilt. Diese Hilfe offenbart sich oft als Korrektur des momentanen Weges und kann auch zerstörerisch wirken – doch sollten wir sie dankbar annehmen. Ich spreche von der Geisteshaltung „Alles annehmen", die aber bei negativer Anwendung in „Teilnahmslosigkeit" ausartet. Sehr oft sehen wir dies bei Jugendlichen, die den Sinn ihres Lebens verloren haben und dazu tendieren, sich Süchten – also der fehlgeleiteten Suche – hinzugeben. Wenn ich das „Alles annehmen" noch nicht integriert habe, fällt es schwer, göttliche Fügungen und Eingebungen anzunehmen, da ich diese bis ins Feinste analysieren werde, bis sie für mich nicht mehr existent sind.

Hierzu zwei Beispiele:

Ein 16-jähriges, depressives Mädchen beobachtete ihre getrennt lebenden Eltern, wie diese tagtäglich ihren Berufen nachgingen. Sie erlebte, wie sich die beiden stritten, sobald sie sich sahen. Wenn sie mit einem Elternteil allein war, ließ dieser kein gutes Wort am anderen. In der Schule wiederum wurde das Mädchen zum Auswendiglernen angehalten und erhielt keine Antwort, wenn es fragte, warum dies oder jenes zu lernen sei. Ihr Gottvertrauen hatte sie schon früh verloren. Sie hatte keine Bezugsperson, die ihr befriedigende Antworten auf Lebensfragen geben konnte. Ihr Leben erschien ihr sinnlos, und sehr oft saß sie teilnahmslos in der Schule. Durch ihren Schmerz begann das Mädchen schon früh mit ihrer Suche nach dem Sinn und beschäftigte sich mit vielen spirituellen Fragen. Bei einer Heilarbeit erfuhr sie von den Eigenschaften „Alles annehmen" und „Unterscheiden können". Sie erkannte ihre eigene Teilnahmslosigkeit und befreite sich von dieser mit Hilfe der Affirmationen.

Einem Mann geschahen immer wieder unangenehme Dinge, für die er stets „gute Gründe" fand. Nur in einem Punkt sah er niemals ein Problem: bei sich selbst. Dass Dinge, die ihm geschehen waren, in irgendeiner Form eine Reflexion seiner Handlungen waren, wollte er nie akzeptieren. Als Hilfesuchender hörte er von der Geisteskraft "Alles annehmen" und arbeitete mit der dazugehörigen Affirmation. Sein Leben änderte sich ganz wesentlich. Er fühlte sich befreit und war bereit, auf die innere Stimme und andere Menschen zu hören.

Folgende Fragen werden bei Ihnen auf Resonanz stoßen, wenn "Alles annehmen" noch nicht integriert wurde:
- Glaube ich, dass es für alles eine Erklärung gibt, denn göttliche Fügung gibt es nicht?
- Wer sich auf sein Bauchgefühl verlässt, ist verlassen? Spricht mein Verstand die einzige Wahrheit?
- Nehme ich Ratschläge von anderen Menschen nur schwer an?

Wenn "Alles annehmen" zur "Teilnahmslosigkeit" wurde:
- Sehe ich keinen Sinn in meinem Leben?
- Ist mir alles egal?
- Glaube ich, was ich auch immer tue, es macht doch keinen Unterschied?
- Bin ich überzeugt, dass die Welt ein schlechter Ort ist? Stelle ich mir die Frage: Wenn Gott wirklich existiert, wieso lässt er diese Dinge geschehen?

Affirmationen zur Auflösung:
- Wenn "Alles annehmen" noch nicht integriert wurde: *Ich öffne mein Herz für Gottes liebevolle Führung. Ich vertraue und lasse los. Ich höre zu und folge!*
- Wenn "Alles annehmen" zur "Teilnahmslosigkeit" geworden ist: *Ich öffne mein Herz der Liebe Gottes und vertraue. Ich spüre jetzt die Liebe, die Kraft, die durch mich fließt. Gottes Liebe zeigt mir jetzt meinen Weg; ich werde stark und handle!*

Thema „Unterscheiden können" –
zwischen „Alles annehmen" und „Verurteilen"

Die Fähigkeit, unterscheiden zu können, ist gerade auf dem spirituellen Weg sehr wichtig. Das „Unterscheiden können" bezieht sich auf eine kritische Betrachtungsweise aller Aspekte des Lebens mit Hilfe der Intuition und des Verstandes. Nicht nur im Alltag hilft das „Unterscheiden können", um die Spreu vom Weizen zu trennen. Wie oft sind Sie schon in Situationen geraten, in denen Ihnen etwas verkauft wurde, das sich später als gar nicht so gut herausgestellt hat? Das „Unterscheiden können" hat sein Zentrum im Bauchbereich, dem so genannten Urteilszentrum. Es gilt also, sich auf sein gutes Bauchgefühl zu verlassen. Viele Menschen, die im „Alles annehmen" verhaftet sind, haben das „Unterscheiden können" noch nicht integriert. Negativ angewandt wird das „Unterscheiden können" zum „Verurteilen". In diesem Fall spricht der Mensch harte Urteile über andere Personen, Dinge oder Situationen. Wie schon in vorherigen Kapiteln behandelt, haben wir nicht das Recht, Urteile über andere zu sprechen. Deswegen gilt es, auch diese Charaktereigenschaft zu zentrieren.

Hierzu Beispiele aus der Praxis:

Eine Frau, die einen spirituellen Weg ging, weigerte sich, die dunklen Seiten des Lebens anzunehmen. Sie blickte niemals talwärts, verleugnete den negativen Aspekt des Satzes: Wo Licht ist, gibt es auch Schatten. Als verheiratete Frau versuchte sie, nicht nur ihrem Mann alles recht zu machen. Sie war im „Sich demütigen" verhaftet; zudem erhob sie alles, was ihr Mann tat, zu einer glorreichen Tat. Als sie von ihm betrogen wurde, war sie tatsächlich davon überzeugt, dass er nur ein Opfer der Nebenbuhlerin gewesen sei. Sie verschloss die Augen vor der Realität und fand viele Gründe, die ihn von Mitschuld an dem Debakel freisprachen. Die Beteuerungen des Mannes, dass er nichts zu der ganzen Sache beigetragen hatte, sondern alles die Schuld der Geliebten gewesen sei, fielen auf fruchtbaren Boden. Es brauchte einiges an Arbeit mittels Affirmationen, damit Veränderung eintrat und sie das „Unterscheiden können" integrierte. Dies führte dazu, dass die Frau ihren Mann zur Rede stellte. Sie war nicht mehr bereit, die Unordnung in ihrer Beziehung zu akzeptieren. *Sie fasste den Entschluss, nicht länger eine Dreiecksbeziehung führen zu wollen, und verließ ihren Mann, der nicht bereit war, die Beziehung zu seiner Geliebten zu beenden. Es dauerte nicht lange, da lernte sie einen Mann kennen, der sie liebevoll und respektvoll behandelte, mit dem sie seit damals in einer glücklichen Beziehung lebt.*

Ein Mann hatte sich in seinem Leben mehr und mehr zurückgezogen. Er war sehr verbittert. Die Jahre zurückliegende Scheidung hatte er noch immer nicht verkraftet. Kontakt mit seiner Ex-Frau bescherte ihm Magenschmerzen, generell war sein Leben von Unlust geprägt. In der Heilarbeit erkannten wir, wie sehr er eigentlich von Hass erfüllt war. Dieser Hass war wie eine glühende Kohle in seiner Hand, die aber nur ihn selbst verbrannte. Er nahm wahr, dass er es war, der sein „Verurteilen" nicht loslassen wollte und nicht nur seine Ex-Frau, sondern auch sein eigenes Leben verurteilt hatte. Durch die heilende Kraft der Vergebung und der entsprechenden Affirmation (Thema „Unterscheiden können") wurde er frei und konnte ein neues Leben beginnen.

Folgende Fragen werden bei Ihnen auf Resonanz stoßen, wenn „Unterscheiden können" noch nicht integriert wurde:
- Bin ich leichtgläubig?
- Tendiere ich dazu, vor Schlechtem die Augen zu verschließen?
- Kann man mich schnell von Dingen überzeugen und bin ich sehr leicht zu begeistern?

Wenn „Unterscheiden können" zum „Verurteilen" wurde:
- Glaube ich, einen guten Grund zu haben, auf andere Menschen böse zu sein?
- Bin ich überzeugt, dass es Menschen gibt, die es verdienen, bestraft zu werden?

- Wünschte ich, dass ich gewisse schlechte Menschen nie getroffen hätte?
- Glaube ich zu wissen, was andere Menschen falsch machen?

Affirmationen zur Auflösung:
- Wenn „Unterscheiden können" noch nicht integriert wurde: *Die Liebe Gottes lässt mich nun die Wahrheit sehen. Jetzt bin ich bereit zu unterscheiden.*
- Wenn „Unterscheiden können" zum „Verurteilen" geworden ist: *Ich öffne meine Herz der liebevollen Vergebung. Jetzt bin ich offen und empfänglich. Im Namen des liebenden Gottes vergebe ich jetzt alles und jedem. So sei es.*

Thema „Friedenswille" –
zwischen „Sich nicht stellen wollen" und „Kampfbereitschaft"

Welch besseres Beispiel für gelebten „Friedenswillen" gibt es als Mohandas Karamchand Gandhi. Gelebter „Friedenswille" geht bis zum hohen Ziel, für andere Menschen da zu sein, auch wenn man selbst keinen Vorteil dadurch erlangt. „Friedenswille" entsteht erst im Zusammenhang mit „Kampfbereitschaft". Ich muss bereit sein, mich einem Konflikt zu stellen, doch wähle ich die Waffe des Friedens und der Ruhe. In der heutigen Zeit wird das Wort „Friedenswille" viel zu leicht verwendet; gerade Menschen, die sich nicht stellen wollen, also Konflikten aus dem Weg gehen, behaupten gerne, ja nur friedenswillig zu sein. Dies entspricht *so* nicht der Wahrheit, sondern zeigt nichts anderes als die negativ angewandte Friedfertigkeit, eben jenes von Angst geleitete „Sich nicht stellen wollen". Wahrhaftiger „Friedenswille" entsteht aus einer Position der inneren Kraft, Stärke und Sicherheit. Sicherheit entsteht durch absolutes Vertrauen – auf Gott. Dies gilt es zu integrieren. Es besteht auch die Möglichkeit, dass ich nur die „Kampfbereitschaft" integriert habe, jedoch den „Friedenswillen" noch nicht in mir trage. Meine Kraft wird dann rein zum Kampf eingesetzt. Der Kampf ist das Ziel.

Folgende Fragen werden bei Ihnen auf Resonanz stoßen, wenn „Friedenswille" noch nicht integriert wurde:
- Empfinde ich Freude, wenn es zum Konflikt kommt, da ich der Stärkere bin?
- Suche ich den Kampf?
- Kenne ich eine Person, die es verdient, bekämpft zu werden?

Wenn „Friedenswille" zum „Sich nicht stellen wollen" wurde:
- Vermeide ich Konflikte aus Angst?
- Will ich mich nicht stellen, weil mir Konflikte einfach zu dumm sind?
- Bin ich harmoniebedürftig?
- Lasse ich lieber alte Themen ruhen und arbeite nicht daran, da es so nicht wehtut und es mir auf diese Art besser geht?
- Bin ich zufrieden mit meiner jetzigen Lebenssituation und habe ich das Gefühl, dass da nicht „mehr" nötig sei?

Affirmationen zur Auflösung:
- Wenn „Friedenswille" noch nicht integriert wurde: *Gottes liebevolle Fürsorge geleitet mich jetzt zu innerer Ruhe und Frieden. Göttlicher Friede und Liebe durchdringen mich, ich vergebe alles und jedem.*
- Wenn „Friedenswille" zum „Sich nicht stellen wollen" geworden ist: *Gottes Liebe gibt mir jetzt die Kraft, mich allem zu stellen. Ich bin die Kraft, Sicherheit und Stärke. Mutig schreite ich voran und schütze mich und den, der nach Hilfe ruft.*

Thema „Kampfbereitschaft" –
zwischen „Friedenswillen" und „Zanksucht"

Eine weitere wichtige Eigenschaft, die es zu integrieren gilt, ist die „Kampfbereitschaft". Gott braucht Kämpfer. Ein spiritueller Weg bedeutet nicht, alles nur in „Licht und Liebe" aufzulösen. In manchen Situationen werden wir vor die Aufgabe gestellt, für ein höheres Ziel einzutreten. Dies ist gerade bei Gottes-Themen der Fall. Jedoch geht es nicht darum, in einen Kreuzzug zu ziehen, um anderen die eigene Überzeugung aufzuzwingen; vielmehr lautet die Aufgabe, Gott nicht zu verleugnen. „Kampfbereitschaft" bedeutet freilich nicht, andere zu verletzen. Mohandas Karamchand Gandhi hatte die Geisteshaltung der „Kampfbereitschaft" absolut integriert, hat jedoch vollkommen gewaltlos gelebt. Hierzu zwei einfache Beispiele:

In der Straßenbahn sitzt eine Frau, die von zwei Hooligans bedrängt wird. Niemand im Waggon ist bereit, der Frau zu helfen. Die Lösung liegt nun nicht darin, mich in dieser Situation auf einen Kampf einzulassen; vielmehr kann die Frau durch meine eigene Stärke der integrierten „Kampfbereitschaft" aus ihrer misslichen Situation befreit werden. Dies wird zum Beispiel erreicht, indem ich der Frau laut zurufe: „Setzen Sie sich hier neben mich!" Damit wird die Situation entschärft: Der bestimmende Ton entlässt die Frau aus ihrer Opferrolle. Natürlich ist dies nur möglich, wenn die Selbstsicherheit von innen her nach außen strahlt, da dann die Stärke durch die Energie der „Kampfbereitschaft" zum Ausdruck kommt.

Im Beruf kommt es oft genug zu Situationen, in denen man von Vorgesetzen geradezu bedrängt wird, Dinge zu tun, die man nicht vertreten kann. Genau dies sind die Situationen, wo „Friedenswille" vollkommen fehl am Platz ist. Im Gegenteil: Hier ist es gefragt, durch „Kampfbereitschaft" in seine eigene Stärke zu gehen, und dann ein ruhiges „Nein" klar auszusprechen. „Kampfbereitschaft", die die Wahrheit reflektiert, entwaffnet andere Menschen. Gleichzeitig bewegt man sich selbst aus der Opferrolle. Genau dies ist in einer solchen Situation gefordert. Beachten Sie aber, dass das gesprochene „Nein" oder ein Satz in dieser Richtung nur dann funktioniert, wenn man die „Kampfbereitschaft" als göttliche Eigenschaft integriert hat. Ist dies nicht der Fall, werden die Worte vom Gegenüber nicht ernst genommen.

Negativ angewandt wird die „Kampfbereitschaft" zur „Zanksucht". Menschen, die tagtäglich Konflikte ausleben und scheinbar Genuss am Streit empfinden, leiden oft unter Magenschmerzen, Problemen mit der Galle oder Verspannungen im Lendenwirbelsäulen-Bereich. Im Grunde ist die „Zanksucht" wiederum eine Suche nach Heilung, eigentlich die Suche nach der Liebe Gottes. Konfrontationen mit solchen Menschen gestalten sich schwierig, da es im Konflikt nie um die Sache selbst geht, sondern um die Auseinandersetzung an sich. Es wäre ratsam, dass solche Menschen, die aufgrund des Resonanzgesetzes viel Leid in ihr Leben ziehen, mit der Selbstreflexion beginnen. Es gilt zu verstehen, dass wiederum das Leid das Korrektiv darstellt, welches den Menschen dazu bewegt, etwas zu ändern. Wenn ich „Opfer" von zanksüchtigen Menschen zu sein scheine, gilt es, die eigene Stärke zu entwickeln, um kampfbereit „Nein" zu sagen.

Folgende Fragen werden bei Ihnen auf Resonanz stoßen, wenn „Kampfbereitschaft" noch nicht integriert wurde:
- Scheue ich den Konflikt und tendiere zum Wegsehen?
- Habe ich Angst vor Konflikten?
- Fühle ich mich zu schwach, um Konflikte auszutragen?
- Weigere ich mich zu glauben, dass meine Aggression auch positiv angewandt werden kann?

Wenn „Kampfbereitschaft" zur „Zanksucht" wurde:
- Streite ich sehr oft?
- Reagiere ich manchmal cholerisch?
- Fällt es mir schwer, mich zu beherrschen?
- Werde ich in einem Konflikt nur noch wütender?

Affirmationen zur Auflösung:
- Wenn „Kampfbereitschaft" noch nicht integriert wurde: *Die Liebe Gottes macht mich stark, nun bin ich bereit. Ja, ich bin sicher und stark!*
- Wenn „Kampfbereitschaft" zur „Zanksucht" geworden ist: *Ich öffne mein Herz der Ruhe, ich bin die Ruhe und Vergebung. Ich vergebe jetzt alles und jedem. Die Liebe Gottes fließt jetzt durch mich. Ja, Gott liebt mich, Gott befreit mich durch seine Liebe. Ich bin ruhig und frei.*

Thema „Vorsicht" –
zwischen „Feigheit" und „Mut"

Es heißt, Vorsicht sei eine Tugend. Dies ist wahr – vor allem in Kombination mit der Geisteshaltung „Unterscheiden können". Die Vorsicht hilft uns, Unheil abzuwenden. Sie hilft uns, die Fallen des Lebens zu erkennen und diese Felsen zu umschiffen. Viele Fallen entstehen aus der Polarität (z. B. *„gut"* und *„böse"*, *„hell"* und *„dunkel"*) der Schöpfung. Gerade im spirituellen Bereich ist die Welt voll von diesen Fallen und Irrwegen, die den Menschen fehlleiten. Behalten Sie daher immer den kritischen Blick, hinterfragen Sie und verlassen Sie sich voll und ganz auf Ihre Intuition. Jeder Mensch besitzt diese Intuition. Dies kann ein Gefühl in der Magengegend sein, der erste Gedanke, der in einer Situation entsteht, und vieles mehr. Glauben Sie keiner Richtung, die eine absolute und einzige Wahrheit beansprucht. Die einzig existierende Wahrheit ist die Wahrheit Gottes. Und Gott hat viele Namen und unterschiedlichste Wege. Ihre „Vorsicht" ist es aber, die Sie durch diesen Dschungel leitet. Jede Glaubensrichtung, die Sie lehrt, Ihre „Vorsicht" außer Acht zu lassen und blind ihren Behauptungen zu folgen, sollten Sie kritisch betrachten.

Wenn „Vorsicht" negativ angewandt wird, verstärkt sie sich zur „Feigheit" – oft verschleiert unter dem Mäntelchen der Friedfertigkeit. „Feigheit" wird durch Affirmationen der Kraft aufgelöst, die auf dem spirituellen Pfad sehr wichtig ist. Gott braucht starke Persönlichkeiten, die für ihr Höheres Selbst einstehen. Da Gott aber in uns ist, bedeutet das: Wir müssen zu uns selbst stehen können, uns selbst voll und ganz lieben und annehmen. Dann werden wir mit unserem Höheren Selbst eins. Wenn „Vorsicht" noch nicht integriert wurde, bewege ich mich rein in der Polarität des „Mutes" und es gilt, die Zwillingseigenschaft der „Vorsicht" zu erarbeiten.

Folgende Fragen werden bei Ihnen auf Resonanz stoßen, wenn „Vorsicht" noch nicht integriert wurde:
- Fehlt es mir in kritischen Situationen oft an Besonnenheit?
- Stelle ich mich sofort dem Konflikt, ohne zu unterscheiden?
- Wurde ich aufgrund meines schnellen, überstürzten oder unüberlegten Handelns in Konfliktsituationen schon mehrmals emotional oder physisch verletzt?
- Nehme ich in einigen Bereichen meines Lebens alles an, was nachträglich schon zu viel Schmerz geführt hat?

Wenn „Vorsicht" zur „Feigheit" wurde:
- Verspüre ich in kritischen Situationen Angst?
- Versuche ich, Konflikte zu entschärfen, bin aber nachträglich wütend?
- Habe ich große Angst, körperlich oder seelisch verletzt zu werden?

Affirmationen zur Auflösung:
- Wenn „Vorsicht" noch nicht integriert wurde: *Gottes Liebe ist in mir, Gott zeigt mir meinen Weg. Ich bin die Ruhe und höre zu. Ja, ich lerne!*
- Wenn „Vorsicht" zur „Feigheit" geworden ist: *Gottes Liebe befreit mich von meiner Furcht. Die Liebe Gottes heilt meine Wunden. Ich bin sicher, mutig und stark. Mit Gottes Liebe und Schutz begegne ich jetzt allem mit Kraft.*

Thema „Mut" –
zwischen „Vorsicht" und „Waghalsigkeit"

Das Leben schult uns, die Qualität des Mutes zu integrieren. Leider geht diese Qualität gerade bei Männern mehr und mehr verloren. Natürlich ist das Beherrschen dieser Qualität für beide Geschlechter wichtig, doch das Fehlen von „Mut" wirkt sich beim Mann aufgrund der männlichen Energiestruktur wesentlich fataler aus. „Mut" ist für einen Mann eine der zentralen, seinem Wesen entsprechenden Eigenschaften: Fehlender „Mut" macht ihn konfliktunfähig, was wiederum zu groben Verstrickungen in der Partnerschaft führt. Dieses Thema wird später noch ausführlich im Kapitel „Gott und Beziehung" behandelt. Wenn „Mut" negativ angewandt wird, verwandelt sich diese Eigenschaft zur „Waghalsigkeit". Diese ist dann Quell für zukünftiges Leid, da man mit dem Tempel, den man von Gott erhalten hat, also dem physischen Körper, nicht achtsam genug umgeht. Auf Dauer wird das Universum als Korrektiv wirken und die Qualität der Vorsicht lehren, damit „Waghalsigkeit" wieder zum gesunden Mut wird. Wenn „Mut" noch nicht integriert wurde, bewegt man sich auf der Seite der „Vorsicht". „Mut" zeigt sich im alltäglichen Leben oft bei den kleinen Dingen. Mut offenbart sich, wenn man zum Beispiel Zivilcourage zeigt, indem man einem anderen hilft.

Folgende Fragen werden bei Ihnen auf Resonanz stoßen, wenn „Mut" noch nicht integriert wurde:
- Bewundere ich mutige Menschen, doch fehlt mir selbst die Kraft?
- Verlasse ich mich nur auf meine Vorsicht? Glaube ich, dass es sich besser und sicherer damit lebt?
- Stelle ich mich aus Angst vor der Konsequenz nur selten Konflikten?
- Brauche ich Schutz?

Wenn „Mut" zur „Waghalsigkeit" wurde:
- Mache ich viele Dinge, egal wie gefährlich diese auch sein mögen?

- Denke ich nicht lange über die Konsequenzen meiner Handlungen nach?
- Bin ich sehr impulsiv? Kann mich nichts stoppen?

Affirmationen zur Auflösung:
- Wenn „Mut" noch nicht integriert wurde: *Du, Gott, verleihst mir Sicherheit, Kraft und Stärke, alles und jedem in Liebe zu begegnen.*
- Wenn „Mut" zur „Waghalsigkeit" geworden ist: *Ich öffne mich der Liebe und Ruhe Gottes. Ich danke Gott für das Geschenk meines Körpers. Ich liebe und achte mein Leben. Mein Körper ist mein Tempel, mein Heiligtum. Ich bin liebevoll zu meinen Mitmenschen und mir.*

Thema „Nichts besitzen" –
zwischen „Verachtung der Materie" und „Über alles verfügen"

Wie bei allen Zwillingspaaren müssen wir das „Nichts besitzen" und das „Über alles verfügen" gleichermaßen erlernen. Doch wenden wir uns zuerst dem „Nichts besitzen" zu: Nichts zu besitzen bedeutet, die Herzensbindungen an Dinge zu lösen. Es bedeutet, dass ich in Fülle leben kann und nach geistigen Gesetzen auch darf. Vielmehr erinnert diese Geisteskraft daran, die Qualität des Loslassens voll zu integrieren. Im Grunde ist man dann in seinem Leben von nichts mehr abhängig. In unserer Heilarbeit sagen wir zu unseren Schülern oft, dass es keinen Unterschied macht, ob wir in diesem Haus oder in einem anderen lehren. Auch wenn wir das Haus selbst geplant und gebaut haben, hängt unser Herz nicht mehr an diesen Dingen. Ja, man kann es in vollen Zügen genießen, und Gott liebt die Freude, doch sollte man niemals davon abhängig werden. Die einfachste Frage, die man sich stellen kann, um herauszufinden, ob man falsche Bindungen aufgebaut hat, ist: Was geschieht, wenn das Objekt der Begierde morgen nicht mehr hier, nicht mehr verfügbar ist? In unserer heutigen westlichen Welt sind die Menschen von sehr vielen Dingen abhängig geworden. Oft entsteht schon Unglück, wenn man einen Kratzer an seinem Auto findet oder eine Hose verloren geht.

Bei der letzten Fastenwanderung unserer Heilerschule hatten wir die Schüler gebeten, alles zu Hause zu lassen und nur die Dinge mitzunehmen, die sie tatsächlich zu brauchen glaubten. Wir wiesen sie an, ihren Eitelkeiten während der Woche des Wanderns und Fastens den Rücken zu kehren. Am Tag des Aufbruchs kam eine Schülerin mit einem Koffer, einem Rucksack und ihrem Beauty Case, Nahrungsergänzungsmittel eingeschlossen. Sie war überzeugt davon, dass alle diese Dinge für ihr Wohlergehen zwingend erforderlich waren.

Falsche Bindungen zeigen die Abhängigkeiten auf, von welchen es sich zu lösen gilt. Der Mensch an sich ist frei, doch wir haben uns freiwillig versklavt und von Dingen abhängig gemacht. Lösen wir diese falschen Bänder, so können wir die Dinge auch genießen, *ohne* abhängig zu sein.

Dies war auch der Sinn des Gleichnisses, den Jesus meinte, als er sagte: *„Es ist leichter, dass ein Kamel durch ein Nadelöhr gehe, als dass ein Reicher ins Reich Gottes komme."*

Reichtum ist kein Übel an sich, macht es aber schwieriger, auf dem spirituellen Weg Dinge loszulassen bzw. sich nicht an diese zu hängen.

Das Loslassen enthält eine sehr große spirituelle Kraft, da Gott *immer* Dinge, die wir losgelassen haben, mit etwas Gleichem oder Besserem ersetzen wird. Dies ist auch ein Teil des Gesetzes der Fülle. Lernen Sie also loszulassen. Vergessen Sie dabei nicht, dass alles, was Sie in diesem Leben zur Verfügung haben, nur von Gott geliehen ist: Sie verfügen darüber, besitzen es aber nicht. Spätestens im Moment des Todes werden Sie diese Welt wieder nackt verlassen. Werden Sie also niemals von den Dingen „besessen"!

Das „Nichts besitzen" wird in negativer Anwendung zur „Verachtung der Materie". Dies bedeutet, dass man den Wert der Schöpfung nicht mehr er- und anerkennt oder die Dinge an sich „verteufelt". Dies ist ein übertriebenes „Nichts besitzen", oft verbunden mit Wut auf die Gesellschaft. Hier gilt es, das „Über alles verfügen" als Gegenpol zu integrieren.

Folgende Fragen werden bei Ihnen auf Resonanz stoßen, wenn „Nichts besitzen" noch nicht integriert wurde:
- Geht es mir schlecht, wenn ich gewisse Dinge nicht habe?
- Kann ich mir nicht vorstellen, auf gewisse Dinge zu verzichten?
- Habe ich manchmal Angst, meinen Besitz zu verlieren?

Wenn das „Nichts besitzen" zur „Verachtung der Materie" wurde:
- Glaube ich, Besitz an sich ist etwas Schlechtes?
- Bin ich überzeugt, dass Geld schlecht und die Wurzel allen Übels ist?
- Sind mir die Menschen, die im Überfluss leben, ein Gräuel?
- Ist es mir egal, Dinge wegzuschmeißen, da von allem sowieso genug vorhanden ist?
- Kaufe ich sehr gerne Dinge ein, die ich nicht brauche, um diese schnell wieder zu entsorgen?
- Neige ich zu Vandalismus?

Affirmationen zur Auflösung:
- Wenn das „Nichts besitzen" noch nicht integriert wurde: *Mit Gott im Herzen lasse ich glücklich und befreit alles los. Ich bin glücklich, ich bin die Liebe!*
- Wenn das „Nichts besitzen" zur „Verachtung der Materie" geworden ist: *Ich erkenne die Liebe Gottes in allen Menschen, Situationen und Dingen. Ich bin die Ruhe. Ich bin die vollkommene Verkörperung der Liebe Gottes!*

Thema „Über alles verfügen" –
zwischen „Nichts besitzen" und „Besitzgier"

Eine wirklich befreiende Wandlung tritt ein, wenn das „Über alles verfügen" voll integriert wurde. Dann weiß man und spürt mit jeder Faser seines Herzens, dass Gott einen liebevoll umsorgt und man wirklich den Garten Eden von Gott zur Verfügung gestellt bekommen hat. Wenn diese Eigenschaft integriert wurde, löst Gott jeglichen Mangel auf. *„Es darf mir einfach nur gut gehen"* wird zur Wahrheit. Man muss nicht mehr für Dinge „leiden", damit man die Vollmacht hat, über sie verfügen zu dürfen. Das Wunder der Fülle und das damit verbundene Gesetz der Anziehung, also das Anziehen der Fülle, funktionieren eben nur dann, wenn *beide* Eigenschaften voll integriert wurden, also das „Nichts besitzen" und das „Über alles verfügen". Dann wird der schöpferische Geist aktiv und kann Fülle voll und ganz erschaffen. Negativ angewandt wird das „Über alles verfügen" zur „Besitzgier", der Volkskrankheit Nummer eins in der westlichen Welt. Nicht ohne Grund ist das Gefälle zwischen Arm und Reich so groß. Ja, Gottes Gesetze gelten auch für wirtschaftliche Belange. Mit diesem Thema werde ich mich in einem meiner nächsten Bücher genauer beschäftigen. Klar ist: Wenn ich von Ängsten in Bezug auf meinen Besitz geplagt werde, ist es an der Zeit, das Loslassen zu integrieren. Wenn ich nicht jetzt anfange, die Qualität des „Nichts besitzen" zu integrieren, sondern mich für die „Besitzgier" entscheide, entsteht eine schwere Verstrickung in meiner Seele, die sich dann einerseits im Todesvorgang einer Person wie auch karmisch in der nächsten Inkarnation manifestiert.

Folgende Fragen werden bei Ihnen auf Resonanz stoßen, wenn „Über alles verfügen" noch nicht integriert wurde:
- Glaube ich, dass es mir nicht zusteht, dass es mir gut geht?
- Muss ich für jeden Cent, den ich verdiene, leiden?
- Muss Geld in meinem Leben hart erarbeitet werden?
- Glaube ich, dass Geld die Wurzel allen Übels ist?
- Bin ich überzeugt, dass man für kurze Freude im Leben mit Stunden voll von Leid bezahlt?

Wenn das „Über alles verfügen" zur „Besitzgier" wurde:
- Besitze ich einiges, doch es ist noch nicht genug?
- Habe ich Angst, dass ich einmal weniger besitzen könnte?
- Glaube ich, hart arbeiten zu müssen, um für die schlechte Zeit vorzusorgen? Habe ich Angst, meinen Reichtum zu verlieren?
- Habe ich Angst vor finanziellen Durststrecken?
- Glaube ich, dass Geld Macht ist? Will ich beides – Geld und Macht?

Affirmationen zur Auflösung:
- Wenn das „Über alles verfügen" noch nicht integriert wurde: *Durch Gottes liebevolle Fürsorge werde ich gesund, glücklich und reich. So sei es.*
- Wenn das „Über alles verfügen" zur Besitzgier geworden ist: *Ich öffne mein Herz der Liebe Gottes und lasse jetzt vertrauensvoll alles los. Die Liebe Gottes fließt jetzt durch mich. Ich fühle die vollkommene Ruhe und Sicherheit durch Gottes Liebe in mir.*

Thema „An nichts gebunden sein" –
zwischen „Lieblosigkeit" und „Treue"

So wie sich das „Nichts besitzen" vor allem auf die Dinge des Alltags bezieht, ist das „An nichts gebunden sein" auf Lebewesen bezogen. Wir behandeln hier auch das große Thema „Partnerschaft", auf das ich im Kapitel „Gott und die Beziehung" genauer eingehe. Es gilt zu verstehen, wie die energetischen Bänder zwischen den Menschen funktionieren. Wenn wir Beziehungen aufbauen, kommt es zu einer Art unsichtbarer Verbindung zwischen den betreffenden Menschen. Hierbei gibt es „helle" und „dunkle" Verbindungen; das „An nichts gebunden sein" bezieht sich auf mögliche dunkle Bänder der *Abhängigkeit*. Es ist wichtig, keine Abhängigkeiten zwischen Menschen zu schaffen („Ich kann ohne diesen Menschen nicht leben"). Manche bauen diese Abhängigkeit auch zu anderen Lebewesen, wie zum Beispiel Haustieren, auf. Es ist daher wichtig, diese starke Bindung in eine andere Richtung zu leiten: Als Individuum sollte jeder seine innere Beziehung zu Gott und damit Erfüllung finden. Eine Partnerschaft zwischen Mann und Frau setzt positive schöpferische Kräfte in beiden Partnern frei. In einer solchen Beziehung sollte man sich in Liebe und Respekt begegnen. Dieser Respekt erfordert, dass man sich nicht in emotionale Abhängigkeit begibt oder diese fördert. Eine Beziehung in Abhängigkeit wird emotional *alles konsumierend* anstelle von *aufbauend*. In der Liebe zu Gott findet man den gemeinsamen Nenner, den Ruhepol. Wenn beide Menschen die Zwillingseigenschaften in sich integrieren, ist die Beziehung getragen von Ruhe und Harmonie. Dunkle Bänder entstehen durch unaufgelöste Ego-Themen, die wir bei der Arbeit an den Zwillingseigenschaften aufdecken können: Sie schaffen starke negative Bindungen zwischen Menschen. Oft wird eine derartige Negativ-Bindung mit „leidenschaftlicher Liebe" verwechselt. Denken wir z. B. an einen tyrannischen Mann, der mit einer unterwürfigen Frau eine sehr emotionale Beziehung führt, von der aber aufgrund ihres Lernthemas keiner der beiden lassen kann. Manchmal fallen hier die Worte „Seelenpartner", jedoch entsteht dieses Gefühl durch die starke Resonanz in Bezug auf die eigenen Lernthemen. Das Integrieren der Eigenschaft „An nichts gebunden sein" verkörpert einen sehr hohen Geisteszustand. Negativ angewandt wird das „An nichts gebunden sein" zur „Lieblosigkeit". Die Partnerschaft wird durch falsch verstandene Unabhängigkeitsgedanken schwer belastet. Vergessen Sie nicht das Eigenschaften-Paar „Über alles verfügen" und „Nichts besitzen"! Werden diese Eigenschaften gelebt, kann ich alles mit meinem Mann oder meiner Frau teilen, *ohne* mich zum Beispiel finanziell absichern zu müssen. Ich lebe ja frei von der Angst, Dinge zu verlieren – denn ich „besitze" nichts. Wir sehen also, dass das „An nichts gebunden sein" nichts mit Gütertrennung zu tun hat. Im Gegenteil – in einer Partnerschaft werde ich *eins*, ohne jedoch Abhängigkeiten durch dunkle Bänder zu erschaffen. Die „Lieblosigkeit" offenbart sich in vertraglichen Absicherungen, die Zweifel an der gemeinsamen Zukunft offenbaren. Wenn dieser Zweifel da ist und man glaubt, sich vor seinem zukünftigen Partner absichern zu müssen, ist dies ein Hinweis auf partnerschaftliche Unreife, also auf Eigenschaften, die noch integriert werden müssen. „An nichts gebunden sein" kann auch zur „Lieblosigkeit" sich selbst gegenüber werden. Menschen verhalten sich tagtäglich lieblos sich selbst gegenüber, wundern sich aber über die Resonanz, wenn auch Mitmenschen *zu ihnen* lieblos sind. Hier gilt es, den eigenen Wert wiederzufinden. In einer Partnerschaft können beide Partner lieblos sein und daher in Resonanz miteinander leben: Der eine Partner fordert lieblos die Gütertrennung, der andere Partner akzeptiert dies in „Lieblosigkeit" sich selbst gegenüber.

Folgende Fragen werden bei Ihnen auf Resonanz stoßen, wenn „An nichts gebunden sein" noch nicht integriert wurde:
- Bin ich emotional nicht lebensfähig, wenn mein Partner stirbt?
- Bin ich von meinem Partner emotional abhängig?
- Bin ich von meinen Haustieren oder anderen Lebewesen emotional abhängig?

Wenn „An nichts gebunden sein" zur „Lieblosigkeit" wurde:
- Erwarte ich strikte Trennung finanzieller oder anderer Angelegenheiten in meiner Partnerschaft? Glaube ich, dass es besser ist, wenn jeder seine Sicherheiten behält?
- Glaube ich an eine gewisse Lebensbereiche trennende Partnerschaft mit einigen Gemeinsamkeiten, damit wir uns einzeln verwirklichen können?
- Glaube ich, nichts wert zu sein?
- Fühle ich mich nicht schön?
- Glaube ich, schlecht zu sein?

Affirmationen zur Auflösung:
- Wenn „An nichts gebunden sein" noch nicht integriert wurde: *Die Liebe und Fürsorge Gottes befreit mich jetzt von allen dunklen Bändern. Ich vertraue und lasse los. Ich bin frei!*

- Wenn „An nichts gebunden sein" zur „Lieblosigkeit" geworden ist: *Ich öffne mein Herz der Liebe Gottes und erkenne meine unendliche Schönheit und meinen Wert. Ich liebe und achte die Menschen und mich selbst. Ich lebe und liebe!*

Thema „Treue" –
zwischen „An nichts gebunden sein" und „Fanatismus"

Die Zwillingseigenschaft der „Treue" ist der Begriff, der in der westlichen Welt am meisten „gedehnt" wird. „Treue" manifestiert sich überall, gegenüber meinen Mitmenschen, in meiner Beziehung, aber vor allem gegenüber Gott. In guten wie in schlechten Tagen. Wichtig ist – wenn wir wieder die Partnerschaft als Beispiel nehmen – zu verstehen, dass wir keine falschen Abhängigkeiten aufbauen, während wir einander in Liebe verbunden treu sind. „Treue" schafft ein Umfeld für physisches und spirituelles Wachstum, „Treue" erbaut und heilt. Ein Leben ohne „Treue" ist getragen von Schein und Lügen. Wahre „Treue" zu Gott manifestiert sich im ehrlichen Gespräch mit Gott ohne Verleugnen, auch wenn Gottverbundenheit gerade nicht so „in" ist. Ein Mensch ohne Glauben hat eben jene „Treue" verloren, die es wieder aufzubauen gilt. Der Partner – Gott – verleugnet uns niemals: Er ist immer die Liebe in uns. Gott wartet nur auf unser Einswerden und Verschmelzen mit ihm, auf das Erkennen seiner in uns, die Verwandlung unseres Egos in Gott. Damit wird jene göttliche Schöpferkraft in uns freigesetzt.

Negativ angewandte „Treue" wird zu einem Personenkult oder Fanatismus, wie er sich gerne in Sekten widerspiegelt. Gott wird dann im Außen gesucht, anhand von „Anführern" oder Symbolen für Gott. Personenkult, Fanatismus und Sektierertum entfernen uns zwangsläufig von Gott, da am falschen Ort – nämlich außerhalb unserer selbst – gesucht wird. Manchmal wird bei der persönlichen Entwicklung genau diese Erfahrung durchlebt. Gerade bei Schülern kann man erleben, dass sie auf ihrer eigenen Suche nach Gott den Lehrer auf eine göttliche

Ebene projizieren und Personenkult betreiben, statt mit Gott zu kommunizieren. Sätze wie „Du bist wie meine Familie" oder „Du bist wie ein Vater für mich" spiegeln genau diese Gefahr wider. Es liegt in der Verantwortung des Lehrers, diesem Personenkult entgegenzusteuern. Meist reagiert dann der Schüler mit Unverständnis. In einer solchen Situation trifft den Lehrer die volle Aggression und fehlgeleitete Energie des Schülers, der aber eine wunderbare Wandlung durchläuft: Aus dem Gefühl, sich auf nichts und niemanden verlassen zu können, wendet er sich wieder sich selbst und Gott zu. Damit hat das Korrektiv gewirkt. Spirituelle Lehrer müssen lernen, keinen Preis für Nettigkeit bekommen und damit ihr eigenes Ego streicheln zu wollen; einzig und allein das liebevolle Weiterbringen des Schülers zählt. Manchmal wird dies auch Schmerz auslösen, dann nämlich, wenn der Lehrer – aus dem eigenen Ego heraus – dem Personenkult zu spät entgegengetreten ist.

Folgende Fragen werden bei Ihnen auf Resonanz stoßen, wenn „Treue" noch nicht integriert wurde:
- Bin ich überzeugt, dass *Treue veraltet ist*?
- Lebe ich lieber in *modernen* offenen Beziehungen?
- Kenne ich das Gefühl der Hingabe an Gott nicht mehr?
- Gott, wer?

Wenn die „Treue" zum „Fanatismus" wurde:
- Lebe ich in einer Glaubensgemeinschaft, die Kritik nicht erlaubt?
- Lebe ich in einer Glaubensgemeinschaft mit strikten Regeln, deren Nichterfüllung Strafen nach sich zieht?
- Suche ich Gott im Außen, in Personen, Sachen oder Situationen?
- Erhebe ich eine Person zu gottgleichem Status und sehe diese als Autorität über mir?

Affirmationen zur Auflösung:
- Wenn die „Treue" noch nicht integriert wurde: *Ich öffne mein Herz der Liebe Gottes, nun bin ich bereit. Ich vertraue und begebe mich in seine Obhut.*

- Wenn die „Treue" zum „Fanatismus" geworden ist: *Gott offenbart sich jetzt in mir. Durch Gottes Liebe in mir werde ich ruhig und lasse alles los. Nicht mein Wille geschehe, sein Wille geschehe!*

Thema „Unbemerkt bleiben" –
zwischen „Selbstunterschätzung" und „Sich zeigen"

Gott ist es, der uns an genau die Stelle setzt, an der wir gerade am meisten benötigt werden und an welcher wir am meisten lernen können. Dies kann zum Beispiel dem Erlernen der Eigenschaft „Unbemerkt bleiben" dienen. Für einen Menschen, der sich gerne zeigt, also diese Charaktereigenschaft noch nicht integriert hat, ist das „Unbemerkt bleiben" eine wirkliche Qual. Dennoch ist diese Energiequalität anzunehmen und zu erarbeiten. Sie offenbart eine große Kraft, da sie einen großen Ego-Anteil auflöst. Sie beinhaltet die Qualität, an einem Ort ungesehen von Ruhm und Anerkennung zu wirken, einfach um des Wirkens willen. Ungesehen und unbemerkt erfüllt man seine Aufgabe rein um des Dienstes willen. Wichtig ist, man kann diese Eigenschaft überall erlernen. In seiner eigenen Familie zum Beispiel, bei der Pflege eines Familienangehörigen und vielem mehr. Diese Charaktereigenschaft wird in einigen spirituellen Disziplinen ganz gezielt geschult, nämlich im anonymen Dienst am Nächsten. Auf unserem eigenen spirituellen Weg arbeiteten wir sehr lange grundsätzlich unentgeltlich. Dies half uns, Demut und Liebe für den Hilfesuchenden zu entwickeln, sich davon zu lösen, „am Hilfesuchenden zu verdienen". Der Dienst am Nächsten – im Indischen auch „Seva" genannt – ist eine der größten spirituellen Disziplinen. Für diejenigen, die jetzt aufschreien und einwerfen, dies entspreche nicht dem Gesetz des Gebens und Nehmens, sei nur so viel gesagt: Das reine Dienen durch Geben bringt einen sehr großen spirituellen Lohn, nämlich Erkenntnis. Dies ist mit Geld nicht aufzuwiegen. Dem Hilfesuchenden sollte unbedingt auch vermittelt werden, dass gerade er ein Geschenk war, dass man durch ihn lernen durfte und viel dafür erhalten hat. Damit wird er aus der Schuld entlassen. Wenn das „Unbemerkt bleiben" voll integriert wurde, handelt man nicht mehr aus eigenem Ego-Antrieb, sondern aus Liebe, um dem Nächsten zu helfen. Damit ist es in späterer Folge auch leicht, das Geben und Nehmen wahrhaftig zu leben und auch Geld als Ausgleich anzunehmen. Dann erst geschieht dies aus liebevollem Antrieb heraus. Gier und Übervorteilung anderer gehören dann der Vergangenheit an. Selbstkritisches Beobachten hilft, sich diesem Ego-Thema zu stellen. Es gehört zu den höheren Lernthemen und ist schwierig zu integrieren, da die eigene Schattenseite hier sehr stark wirkt.

Auf der anderen Seite tendieren manche Menschen dazu, im „Unbemerkt bleiben" verhaftet zu sein, aber wiederum aus Ego-Gründen: Auch sie stehen ihren Mitmenschen aufopfernd zur Seite und verlangen nichts dafür. Sehr oft sind diese Menschen in Kirchen anzutreffen, wo sie selbstlos ihren Dienst leisten; auch in ihren ganz normalen dem Gelderwerb dienenden Berufen sind sie immer für andere da. Doch im Stillen klagen diese Menschen: Niemand sei für sie selbst da. Der wahre Grund – und hier liegt die Unterscheidung, warum diese Menschen anderen Menschen dienen – ist nicht, um den anderen zu dienen, sondern um für sich selbst Anerkennung zu schaffen, um anderen zu zeigen, wie „aufopfernd" sie selbst sind.

Sie sehen schon, wie diffizil das eigene Ego funktioniert. Fallen lauern überall. „Unbemerkt bleiben" negativ angewandt wird zur „Selbstunterschätzung". Die maßlose Selbstunterschätzung spiegelt eine grobe Lieblosigkeit sich selbst gegenüber wider. Es bedeutet nämlich, die eigene Göttlichkeit nicht anzuerkennen. Menschen, die in die negative Form der „Selbstunterschätzung" gefallen sind, untergraben stetig ihren Wert und verleugnen damit Gott. Dies wird dann immer und immer wieder durch das Spiegelgesetz im Außen bestätigt; die eigene schöpferische Kraft wirkt destruktiv gegen einen selbst. Hier gilt es, sich selbst und seine Angst zu überwinden und damit seine eigene Kraft anzuerkennen. Werden Sie tätig. Anerkennen Sie, dass Sie nicht Opfer sind – Sie selbst sind der Täter, der sich dieses Leid zufügt.

Folgende Fragen werden bei Ihnen auf Resonanz stoßen, wenn „Unbemerkt bleiben" noch nicht integriert wurde:
- Will ich unbedingt im Rampenlicht stehen?
- Diene ich anderen Menschen, damit diese von mir gut denken?
- Will ich, dass andere mich mögen?
- Ich mache doch so viel für andere – wieso tut keiner etwas für mich?

Wenn das „Unbemerkt bleiben" zur „Selbstunterschätzung" wurde:
- Glaube ich, dass ich nichts wert bin?
- Bin ich überzeugt, dass ich alles falsch mache?
- Bestimmen andere Menschen über mein Leben?
- Glaube ich, schlecht zu sein?
- Fühle ich mich oft überfordert?
- Kann meine Arbeit nie perfekt genug sein?
- Wird meine Leistung nicht anerkannt?

Affirmationen zur Auflösung:
- Wenn das „Unbemerkt bleiben" noch nicht integriert wurde: *In der Stille wirke ich durch Gottes Liebe in mir. Ich bin die Stille, ich bin die Liebe.*
- Wenn das „Unbemerkt bleiben" zur „Selbstunterschätzung" geworden ist: *Ja, Gott liebt mich, ich liebe mich, alle lieben mich. Gott ist alles, ich bin alles. Ich bin die Liebe. Ich spüre meinen Wert, ich bin unendlich schön. Allen Anforderungen des Lebens begegne ich jetzt mit Ruhe und Gelassenheit.*

Thema „Sich zeigen" –
zwischen „Selbstdarstellung" und „Unbemerkt bleiben"

Für Menschen, die nur das „Unbemerkt bleiben" erlernt haben, ist es schwierig, die Notwendigkeit der Integration von „Sich zeigen" anzuerkennen. „Sich zeigen" ist eine wichtige Eigenschaft, wenn es darum geht, für Dinge im Leben einzustehen. Was im Volksmund „Rückgrat zeigen" genannt wird, bedeutet, ohne Angst vor Konsequenzen, selbstsicher vor andere zu treten und zu sprechen, sich zu zeigen. Auch an dieser höheren Qualität ist zu arbeiten. Wirklich integriert ist diese Eigenschaft, wenn man in vollem Gottvertrauen durch und für Gott spricht. Es geht also nicht um eine reine Präsentationstechnik, die erlernt werden kann, sondern um das Strahlen und Zeigen der eigenen Aura in göttlicher und reiner Qualität. Negativ angewandt wird diese Eigenschaft zur „Selbstdarstellung", in der sich nicht mehr die Liebe Gottes, sondern reine Selbstverliebtheit ausdrückt.

Folgende Fragen werden bei Ihnen auf Resonanz stoßen, wenn „Sich zeigen" noch nicht integriert wurde:
- Fällt es mir schwer, vor eine Gruppe von Menschen zu treten und über ein Gefühl oder meinen Glauben zu sprechen?
- Habe ich Angst, mich zu präsentieren?
- Verunsichert mich das Wort „Gott", wenn es aus meinem Mund kommt, vor allem wenn andere Menschen es hören?
- Versuche ich, unbemerkt zu bleiben?
- Merken Menschen manchmal gar nicht, dass ich überhaupt da bin?

Wenn das „Sich zeigen" zur „Selbstdarstellung" wurde:
- Liebe ich es, mehr mich selbst als andere sprechen zu hören?
- Glaube ich, dass Menschen sich glücklich schätzen sollten, mich zu kennen?
- Bin ich überzeugt, dass ich keine bzw. nur sehr wenige Fehler mache?
- Habe ich immer sehr viele gute Ratschläge für meine Mitmenschen? Bin ich überzeugt, dass sie auf mich hören sollten, und wundere mich, dass sie es nicht tun?
- Glaube ich, auf meinem spirituellen Weg sehr weit fortgeschritten zu sein? Bin ich überzeugt, sehr früh sehr fähig gewesen zu sein?

Affirmationen zur Auflösung:
- Wenn das „Sich zeigen" noch nicht integriert wurde: *Gottes Liebe fließt nun durch mich. Ich bin die verkörperte Liebe Gottes und spreche frei und sicher mit Gottes Worten.*
- Wenn das „Sich zeigen" zur „Selbstdarstellung" geworden ist: *Ich öffne mein Herz der Liebe Gottes. Ich werde ruhig und höre zu. Gottes Liebe strömt nun durch mich. Ich erkenne Gottes Schönheit in allen Menschen. Nun lerne ich von allem und jedem.*

Thema „Todesverachtung" –
zwischen „Lebensverachtung" und „Lebensschätzung"

Die Qualität der „Todesverachtung" liegt nicht in einer „Geringschätzung" des Todes, der ja eine temporäre Befreiung des Menschen bedeutet. Wir erinnern uns an das Kapitel über den Tod. Vielmehr meine ich das Auflösen von Ängsten rund um das Thema Tod. Ziel ist, angstfrei dem Tod in die Augen schauen zu können – ohne belastende Emotionen zu empfinden. Ich weiß, dass es sich nur um einen Umwandlungsprozess, eine Auferstehung handelt, ich spüre dies mit jeder Faser meines Herzens. Menschen hat diese seltene Qualität schon immer fasziniert. Ein sehr gutes Beispiel hierfür ist Sokrates, der in vollkommener Ruhe den vergifteten Schierlingsbecher trank. Er wusste um das Kommende und beschritt den Pfad ohne Angst.

„Todesverachtung" wird bei negativer Anwendung zur „Lebensverachtung": Der Mensch lebt teilnahmslos und sieht keinen Sinn in seiner Existenz, er verliert seine Verbindung zu seiner eigenen Göttlichkeit – und damit Freude und Vertrauen. Getrieben von dieser Sinnlosigkeit hegt er Selbstmordgedanken, was aus diesem Grund in vielen Kulturen als „Sünde" angesehen wurde. Wer seine eigene Existenz nicht annimmt, stellt sich über die göttlichen Gesetzmäßigkeiten und versucht, dem eigenen Lernthema aus Gefühlen der Deprimiertheit und Sinnlosigkeit heraus zu entfliehen. In Wirklichkeit sind es aber die eigene Teilnahmslosigkeit, der Todeswunsch sowie die „Lebensverachtung", die vollkommen sinnlos sind: Das Lernthema wird dadurch noch stärker im Seelenbewusstsein verankert und daher später noch einmal durchlebt. Aus diesem Grund ist es unverantwortlich, den Menschen das Wissen um die Wiedergeburt vorzuenthalten. Viele neigen heute dazu, Endlichkeit in ihrer eigenen seelischen Existenz zu sehen und auf Erlösung der eigenen Lernthemen im Jenseits zu warten. Eine willkommene Entschuldigung für manche Menschen, um im physischen Leben nicht an den Lernthemen arbeiten zu müssen.

Viele Menschen verschließen einfach nur die Augen vor den „Lernthemen" und meinen, sie seien, so wie sie gelebt haben, schon weit genug gekommen, ohne an den Resonanzen des Spiegelgesetzes, die aus den nicht erlernten Zwillingseigenschaften entstehen, arbeiten zu müssen. Dies ist ein Verleugnen der eigenen Existenz und der eigenen Lebensaufgabe.

Folgende Fragen werden bei Ihnen auf Resonanz stoßen, wenn „Todesverachtung" noch nicht integriert wurde:
- Habe ich Angst vor dem Tod?
- Glaube ich, der Tod sei das Ende?
- Erfüllt mich das Thema Tod mit Unverständnis oder Wut?
- Hasse ich den Tod?
- Verleugne ich den Tod?
- Denke ich nicht über den Tod nach?

Wenn „Todesverachtung" zur „Lebensverachtung" wurde:
- Habe ich wenig Gefallen an meinem Leben, empfinde ich es oft als sinnlos?
- Glaube ich, dass es Gott nicht gibt, denn wenn es ihn gäbe, dann hätte er nicht das ganze Leid geschaffen?
- Trifft auf mich der Satz zu: Dieser ganze Schmerz im Leben ist einfach zu viel. Ich habe genug?
- Glaube ich, dass die Welt schlecht ist?
- Verwende ich manchmal den folgenden Satz: Für das Übel in der Welt sind die … verantwortlich?

Affirmationen zur Auflösung:
- Wenn „Todesverachtung" noch nicht integriert wurde: *Gottes Liebe begleitet mich bei jedem Schritt. Gottes Liebe überdauert alles. Ich bin die Liebe Gottes.*
- Wenn „Todesverachtung" zu „Lebensverachtung" geworden ist: *Ja, Gott manifestiert sich in Liebe in meinem Leben. Ich danke Gott für mein Leben. Ich bin die Liebe und das Leben. In allem und jedem erkenne ich jetzt die Schönheit Gottes.*

Thema „Lebensschätzung" –
zwischen „Todesverachtung" und „Maßlosigkeit"

Das Leben sollte als Geschenk Gottes empfunden werden, das einen jeden Tag erneut mit Freude und Dankbarkeit erfüllt: Dies ist gelebte „Lebensschätzung" und Achtung vor der Schöpfung. Man spürt in allem die Präsenz Gottes, die wahre Allgegenwart und Allmacht des göttlichen Geistes. Die wahre „Lebensschätzung" ist die letzte Zwillingseigenschaft, die es zu integrieren gilt. Sie führt uns direkt zu Gottes gleich-gültiger Liebe. Diese Qualität ist getragen von Leichtigkeit, Freude und Dankbarkeit. Wenn sie noch nicht integriert wurde oder noch als negative Geisteskraft benutzt wird, bewegt man sich in der „Maßlosigkeit" – verkörpert in maßlosem Konsumverhalten. Diese Negativ-Eigenschaft ist gleichzeitig der Schlüssel zur Versklavung der Menschen in der heutigen Zeit. Es gilt, „Maßlosigkeit" wieder in „Lebensschätzung" zu verwandeln: Die kurzweiligen Vergnügen des Konsums werden ersetzt durch die Glückseligkeit der Liebe Gottes. Was für Sie wie unbegreifbare Worte klingt, ist für viele schon zur Wahrheit geworden. Es ist der Schlüssel und die letzte Hürde, den Baum der Erkenntnis zu erklimmen. „Todesverachtung" und „Lebensschätzung" setzen gemeinsam gewaltige Kräfte des Höheren Selbst frei. Sie sind der Motor der Energie, die durch die Kraftzentren und durch unsere Wirbelsäule fließt.

Folgende Fragen werden bei Ihnen auf Resonanz stoßen, wenn „Lebensschätzung" noch nicht integriert wurde:
- Was soll am Leben schön sein? All das Unheil in der Welt ist doch ein Beweis dafür, dass etwas nicht stimmt?
- Sehe ich immer das Schlechte zuerst?
- Glaube ich, dass mein Leben nur noch von Krankheit, Leid oder Mangel bestimmt ist?
- Spüre ich den Weltschmerz?
- Bin ich traurig?

Wenn „Lebensschätzung" zur „Maßlosigkeit" wurde:
- Bestimmt der folgende Satz mein Leben: „Ich will mehr haben"?
- Brauche ich viel von allem?
- Glaube ich, dass man nie zu viel haben kann?
- Ist mein Leben bestimmt vom Satz: „Ich will"?

Affirmationen zur Auflösung:
- Wenn „Lebensschätzung" noch nicht integriert wurde: *In allem und jedem erkenne ich jetzt die Liebe Gottes. Ich bin die Verkörperung Gottes. Ich bin die Liebe. Ich liebe mein Leben.*
- Wenn „Lebensschätzung" zur „Maßlosigkeit" geworden ist: *Durch deine Führung und Liebe, Gott, findet mein Blick jetzt deine Schönheit. Ich lasse alles los und meine Gedanken, Gefühle und Taten dienen nun nur dir. Ich bin leicht und frei.*

Ihre persönliche Verwandlung

Sie haben nun hoffentlich Ihren Zettel mit den sechs ausgewählten Lernthemen und deren Affirmationen gefüllt. Sie werden allein durch das Lesen der verschiedenen Themen erkannt haben, wie viele Resonanz auslösende Themen in Ihnen auf der unterbewussten Ebene ruhen. Sie haben mittlerweile erkannt:

- Es sind genau Ihre Resonanz-Themen, die sich in Ihrem Leben immer und immer wieder durch die eigene geistige Kraft des göttlichen Höheren Selbst manifestieren.
- Solange also Ihre göttliche Schöpferkraft damit beschäftigt ist, diese unangenehmen Situationen zu erschaffen, ist keine Energie für die aktive Erschaffung der schönen Dinge verfügbar.

Sie wissen nun, wie wichtig es ist, diese Themen aufzulösen. Je mehr dieser Themen integriert werden,
- desto größer wird die eigene göttliche Schöpferkraft, da man sich der göttlichen bedingungslosen Liebe nähert;
- desto harmonischer verläuft das eigene Leben, da es zu keinen negativen Resonanzen mehr kommt;
- desto mehr Fülle hält Einzug in Ihr Leben, da es *nicht mehr notwendig* ist, in Mangel zu leben (sei es Mangel an Liebe, Gesundheit oder Geld).

Das Auflösen der eigenen negativen Resonanzthemen ist der lange gesuchte heilige Gral, der uns alle befreit. Wer diesen alten Einweihungsweg (der schon im alten Ägypten beschrieben wurde) beschreitet, kehrt zurück in den Garten Eden. Alles wird leicht und frei.

Um dieses Ziel zu erreichen, bedarf es folgender Schritte:
1. Auflösung der Themen mit Hilfe der Affirmationen und des Spiegelgesetzes;
2. Unterstützung der Auflösung mittels Ihres persönlichen Gebets;

3. Verinnerlichung des Baumes der Erkenntnis und weiteres kritisches Hinterfragen der eigenen Handlungen.

Die Arbeit mit den erkannten Eigenschaften

Vergessen Sie nicht, dass es darum geht, jede der Zwillingseigenschaften zu integrieren und dabei zu wissen,

- welche Eigenschaft des Zwillingspaares zu verwenden ist und
- wann diese Eigenschaft einzusetzen ist.

Das persönliche Gebet

Nehmen Sie wieder Ihren Zettel mit Ihren Themen zur Hand. Wir erstellen nun Ihr persönliches Gebet:

- Ersetzen Sie das Wort „Gott" mit Ihrem persönlichen Gottesbegriff, also „Allah", „Buddha", „die geistige Welt", „das Licht", „Christus" etc.
- Ordnen Sie die sechs Affirmationen in einer Reihenfolge so an, dass es für Sie richtig „klingt". Sie werden sehen: Es fällt leicht, die Sätze in eine stimmige Ordnung zu bringen.
- Doppelte Sätze verwenden Sie genauso. Es handelt sich hierbei um eine Verstärkung oder auch um ein Zentralthema. Beispiel: Es könnte sein, dass der Satz „Ich bin die Liebe" fünfmal vorkommt.
- Über die Affirmationen setzen Sie die Worte:
  1. „Für" und Ihren Namen;
  2. „Om Gott, Om Gott, Om Gott" – wobei Sie statt „Gott" wieder Ihren Gottesausdruck verwenden. „Om" ist der Urlaut der gesamten Schöpfung.
- Am Ende des Gebets schreiben Sie das Wort „Amen".

- Dieses persönliche Gebet sprechen Sie mindestens einmal am Tag, in der Frühe oder am Abend. Lesen Sie das Gebet langsam und bewusst und fühlen Sie sich dabei in jede Zeile ein. Sie werden bemerken, dass einige der Zeilen sogar Ablehnung, Unruhe oder andere Gefühle auslösen. Wieder andere werden Sie als angenehm empfinden. Egal wie sich die Zeilen anfühlen, lassen Sie sich davon nicht irritieren. Ihr eigenes Ego wird einiges versuchen, Sie zum Aufhören zu bewegen. Bleiben Sie standhaft!
- Sprechen Sie das Gebet mindestens 21 Tage lang. Meistens beginnt dann eine Phase, in welcher man richtiggehend unausstehlich wird. Es kann sein, dass Sie weinen oder Wut empfinden. Heilung geschieht genau in diesen Momenten.
- Wiederholen Sie das Gebet jeweils so lange, bis sich alle sechs Zeilen wahr anfühlen. Dies bedeutet, dass Sie aus dem tiefsten Inneren ein „Ja" und Glück spüren.
- Sprechen Sie das Gebet unbedingt auch in schwierigen Zeiten. Je öfter Sie in einer Krise Ihr persönliches Gebet sprechen, desto schneller verschwindet sie.
- Durch die Integration und die Wahrwerdung des Gebets werden alle Ihre schöpferischen Kräfte freigesetzt, der Rest geschieht von ganz allein. Fülle hält Einzug in Ihr Leben. Dies ist die eigene positive Projektion, die sich durch Ihr Höheres Selbst in der Realität manifestiert.
- Sie können die Übung natürlich wiederholen und neue Gebete erstellen. Sie werden aber merken, dass ein von Ihnen erstelltes Gebet Sie lange begleiten wird.

Die zusätzliche Auflösung mit Hilfe des Spiegelgesetzes

Sie haben mittlerweile verstanden, wie das Spiegelgesetz funktioniert. Jetzt gilt es, dieses auch im Alltag anzuwenden. Beobachten Sie sich selbst, wie Sie auf verschiedene Dinge und vor allem auf Personen reagieren. Jedes Mal, wenn Sie starke belastende Emotionen empfinden, entstehen diese in Ihnen durch

Resonanz. Dadurch geht wertvolle Geisteskraft verloren, die positiv hätte verwendet werden können. Um diesen Zyklus wiederkehrender Resonanzen zu durchbrechen, können Sie immer wieder die Zwillingseigenschaften zur Bearbeitung verwenden. Wenn Sie also Ihre ersten sechs Themen bearbeitet haben, könnten Sie auch folgende Übung machen:

- Schreiben Sie die Namen von drei Personen, mit denen Sie noch immer Ihren größten Ärger haben, auf einen Zettel.
- Schreiben Sie neben jeden Namen die Eigenschaften, die Sie an der jeweiligen Person so sehr stören.
- Arbeiten Sie zunächst an der ersten Person. Sie sagen den Satz „Ich bin" und die Eigenschaft, die Sie stört.

Beispiel: An einem Mann stört Sie ganz besonders dessen Lieblosigkeit. Immer, wenn Sie ihn sehen, könnten Sie ihn anschreien, doch Sie bleiben ruhig. Eigentlich hassen Sie ihn richtig für seine Art, mit Menschen umzugehen.

- Sie sagen nun: „Ich bin lieblos." Beobachten Sie Ihr Gefühl, wenn Sie diesen Satz sagen. Vergessen Sie nicht, dass Sie auch lieblos *sich selbst* gegenüber sein können, indem Sie Dinge akzeptieren, über die Sie besser laut sprechen sollten.
- Nun versuchen Sie den nächsten Satz: „Ich erlaube mir nicht ...", dann die Eigenschaft „... zu sein". In unserem Beispiel heißt der Satz: „Ich erlaube mir nicht, lieblos zu sein." Auch hier beobachten Sie, wie sich der Satz für Sie anfühlt und ob er der Wahrheit entspricht.
- Setzen Sie dies nun bei allen drei Personen, die Sie auf Ihrem Zettel notiert haben, fort.
- Sie werden feststellen, dass Sie entweder die **Eigenschaft selbst besitzen** (Bsp. „Ich bin") oder aber sich **dieser Eigenschaft verschließen**, weil Sie diese als verwerflich oder schlecht empfinden – jedenfalls in Resonanz gehen. Diese Resonanz kommt entweder von einer Verletzung (vgl. das Kapitel über das verletzte innere Kind) oder es ist eine nicht integrierte Schattenseite. Verschließen (Bsp. „Ich er-

laube mir nicht") schließt Ihr Herz. In beiden Fällen gilt es, den Gegenpol zu integrieren, damit Ihr negatives Gedankenmuster aufhört zu wirken. Den Gegenpol finden Sie durch die Zwillingseigenschaft heraus.

In unserem Beispiel ist der Gegenpol zur Lieblosigkeit (welche die negativ angewandte Ungebundenheit ist) die **Treue**. *Wenn also die Lieblosigkeit dieses Mannes Sie so sehr in Rage versetzt, könnte dies der Spiegel für empfundene Lieblosigkeiten im eigenen Leben sein. Entweder war man zu sich selbst lieblos, weil man Handlungen gegen die eigene Empfindung akzeptiert hatte; oder das verletzte innere Kind verschließt sich aufgrund von nicht ausgeheilten Wunden diesem Thema und hat dies ins Unterbewusste verdrängt. In beiden Fällen empfindet dies aber die eigene Seele als* **Lieblosigkeit und Untreue sich selbst** *gegenüber. Es gilt also, die Treue zu erlernen. Dieses unbewusste Lernthema wird durch das Spiegelgesetz nach außen projiziert, weswegen der Mann im genannten Beispiel verurteilt wird.*

Wenn Sie sich selbst beobachten, werden Sie schnell erkennen, dass es *kein* Thema gibt, das nicht mit Ihnen selbst verknüpft ist.

- Durch das **Erkennen des Themas** rückt es in das Bewusstsein und kann bearbeitet werden. Seien Sie beim Erkennen nicht zu streng zu sich selbst; nehmen Sie Ihren Charakterzug liebevoll an. Danach erst können Sie – wie im nächsten Punkt beschrieben – die Kraft des Verleugnens einsetzen. Dadurch wird die gefundene Eigenschaft bald aufhören, in Ihrem Leben zu wirken. In der Folge werden Menschen, die diese Eigenschaft in Ihrem Leben verkörpern, sich Ihnen gegenüber anders verhalten oder aus Ihrem Leben verschwinden.
- **Das Notfallmittel für akute Beschwerden:** Eigenschaften, die Sie mit „Ich bin" identifiziert haben, können Sie in Momenten, in denen Sie diese erleben, mit der Kraft des Verleugnens bearbeiten. Dies geschieht, nachdem Sie diese Ei-

genschaft liebevoll als die Ihre erkannt und angenommen haben. Wenn Sie nun in eine akute Situation geraten, in der Ihre Eigenschaft zum Ausbruch kommt, tun Sie Folgendes: Sagen Sie in diesem Fall dreimal streng zu sich selbst: *„Ich bin nicht lieblos."* Weigern Sie sich, im alten Muster zu bleiben. Die *Kraft des Verleugnens* ist sehr stark. Verwechseln Sie dies nicht mit dem *Verdrängen*. Dies hat nichts damit zu tun. Sie verwehren sich einfach, dem negativen Impuls nachzugeben.

Sie treffen wieder den Mann, der Sie diesmal von oben herab behandelt. Auch wenn Sie sich im Moment unsicher fühlen, erinnern Sie sich an die Kraft des Verleugnens. Ihr erster Impuls ist, die Respektlosigkeiten Ihnen gegenüber einfach zu ignorieren, obwohl Sie deswegen schon Magenschmerzen haben (Ausdruck Ihrer eigenen Lieblosigkeit sich selbst gegenüber). Sie erkennen Ihre eigene Lieblosigkeit und beschließen, für sich und Ihre Seele einzutreten. Sie verleugnen Ihre innere Lieblosigkeit und sagen sich also in diesem Moment dreimal „Ich bin nicht lieblos". Danach handeln Sie und sagen dem Mann, was zu sagen ist.

Nutzen Sie die Kraft des Verleugnens. Sie wird Ihnen helfen, Ihre negativen Impulse zu kontrollieren, bis diese ausgehungert und verschwunden sind. Zusätzlich sollten Sie die dazugehörige Affirmation in Ihr Gebet aufnehmen. Nachdem also die akute Situation gut überwunden wurde, sollten Sie sich weiter bestärken, indem Sie Ihre positive Affirmation sprechen.

In unserem Beispiel wollen Sie die Treue sich selbst gegenüber stärken und wiederholen an den darauffolgenden Abenden: „Ich öffne mein Herz für die Liebe Gottes, nun bin ich bereit. Ich vertraue und begebe mich in seine Obhut."

Kritisches Hinterfragen des Egos und Ihre Zukunft

Wenn Sie diese einfachen Techniken verwenden, werden sich die Themen rasch auflösen. Sie können es sich zum Ziel machen, alle drei Monate die Zwillingseigenschaften noch einmal zu lesen. Erstellen Sie dann erneut Ihre Liste. Sie werden erstaunt sein. Nicht nur, dass viele der Themen sich nicht mehr im Leben widerspiegeln, Sie werden sich frei fühlen. In dem Moment, in welchem Sie mit Ihrem persönlichen Gebet beginnen, werden Sie mit großen Veränderungen in Ihrem Leben konfrontiert. Möglicherweise werden sich auch einzelne alte Freundschaften auflösen. Vergessen Sie nicht, Sie verändern sich und sind dadurch als Spiegel „nicht mehr kompatibel". Es kann sein, dass der Beruf Sie viel mehr ärgert als vorher. Dies „zwingt" Sie regelrecht zum Handeln. All dies sind „Heilungskrisen", wie sie in der Geistheilung genannt werden.

Sieben Stufen der Verwandlung

Auf dem Weg dieser Verwandlung durchläuft der Mensch sieben Ebenen der Persönlichkeitsentwicklung. Der individuelle Ausgangspunkt ist bei jedem Menschen verschieden. Mit Hilfe des individuellen Karmas sucht sich jede Seele das perfekte Umfeld, um sich weiterentwickeln und individuelle Erfahrung sammeln zu können. Wenn Kinder in einen menschlichen Körper geboren werden, tragen sie einerseits ihr seelisches karmisches Wissen über „Gut und Böse" – was wann welche Konsequenzen hat – in sich, doch andererseits wissen sie verstandesmäßig nicht, was man tun darf oder nicht, was gesund oder ungesund ist. Sie leben einfach und sammeln ihre Erfahrungen und versuchen herauszufinden, was wann richtig oder falsch ist. Kindheit und Jugend sind die wichtigsten und einflussreichsten Lebensjahre für die Prägung unserer Persönlichkeit und Gesundheit.

Zu jeder Zeit spiegeln sich aber die aktuellen Themen in Form von Emotionen – die den aktuellen Entwicklungsstand anzeigen – wider:

1. Ebene – bestimmt durch *Macht, Rache, Verurteilung, Wertung, Zwänge und generelles Chaos im Leben*. Glaubenssätze, die hier gelebt werden: „Ich versuche zu herrschen und Macht zu erlangen." „Ich unterdrücke und bin besser als die anderen."
2. Ebene – bestimmt durch *Beleidigen, Verletzen, Drohen, Erpressen und Manipulieren zum Selbstzweck (auch unter dem Mäntelchen, anderen zu helfen)*. Glaubenssätze, die hier gelebt werden: „Ich will, dass du dies tust, koste es dich, was es wolle." Es regiert die Taktik des emotionalen Erpressens.
3. Ebene – bestimmt durch *Protest, Vorwürfe, Rücksichtslosigkeit, Rechthaberei, Sturheit und Ablenken von eigenen Fehlern*. Glaubenssätze, die hier gelebt werden: „Weil du bist, wie du bist, geht es uns schlecht." „Wenn du anders wärst, wäre alles besser."
4. Ebene – bestimmt durch *Akzeptieren, Hinnehmen, den Kampf beenden*. Glaubenssätze, die hier gelebt werden: „Ich lasse los. Auch wenn ich noch nicht weiß, was das Gute daran ist, werde ich es irgendwann erkennen."
5. Ebene – bestimmt durch *Einsicht, Respektieren, Vergebung, Achtung, Toleranz*. Glaubenssätze, die hier gelebt werden: „Ich vergebe mir und anderen." „Ich verstehe, warum Menschen tun, was sie tun."
6. Ebene – bestimmt durch *spirituelle Entwicklung, Reifung durch Erfahrung und Einsicht*. Glaubenssätze, die hier gelebt werden: „Jeder hat ein Recht auf seinen individuellen Weg, um diesen in seinem Tempo und mit seinen individuellen Höhen und Tiefen zu gehen."
7. Ebene – *Liebe, Geben, Helfen, Loben, Ehren, Friede, Wahrheit, Dankbarkeit, Hingabe und Ordnung*. Glaubenssatz, der hier gelebt wird: „Alles ist Gott und Gott ist die Liebe."

Herr, mache mich zum Werkzeug deines Friedens,
dass ich bei Hass Liebe bringe,
bei Verletzung Versöhnung,
bei Zwist Einigkeit und
bei Streit Frieden,
bei Verzweiflung Hoffnung,
bei Trauer Trost,
bei Kummer Freude und
bei Dunkelheit Licht.

Herr, hilf mir, dass ich eher wünsche
zu verstehen als verstanden zu werden,
zu trösten als getröstet zu werden,
zu lieben als geliebt zu werden.

Denn wer gibt, der empfängt,
wer verzeiht, dem wird verziehen,
wer sein Leben hingibt,
erwacht zum ewigen Leben.
Amen.

Gebet des hl. Franziskus von Assisi
(1181–1226)

Gottes Hilfe
für konkrete Situationen

Im Laufe unserer Tätigkeit als Geistheiler haben meine Frau und ich zahlreiche Fragen zu verschiedenen Themenbereichen an Gott gerichtet. In den nachfolgenden Kapiteln finden Sie die Antworten, die uns gegeben wurden. Viele dieser Worte wurden mir eigens für dieses Buch diktiert und so in die Welt gesetzt. Viel Freude damit!

Gott und die Wahrheit

Gott liebt Wahrheit. Ja, dies klingt wie ein Widerspruch in sich, da Gott der Nullpol, also ohne Polaritäten, ohne Eigenschaften ist. Und dennoch liebt Gott Wahrheit – er ist die Wahrheit. Dahinter steht eines der geistigen Gesetze, welches sich immer erfüllt – manchmal früher, manchmal später. Als Mensch sind wir von Gott angehalten, durch Auflösung unseres Egos Wahrheit in unserem Leben zu verwirklichen. Die Bibel spricht hier von „Du sollst nicht falsch Zeugnis reden wider deinen Nächsten". Wo und wann fange ich an, Wahrheit zu verwirklichen? Gleich heute im Hier und Jetzt! Nur keine Scheu. Fangen Sie jedoch klein an, denn Ihre großen Lebenslügen werden sich nicht sofort auflösen. Dazu ein paar Denkanstöße:

- Ist meine Beziehung zu meiner Familie auf Wahrheit aufgebaut? – Kommuniziere ich mit meinem Partner und meinen Familienmitgliedern offen und ehrlich?
- Bin ich in meinem Beruf ehrlich? Verdiene ich mein Geld auf redliche Weise?
- In dem Land und der Gesellschaft, in der ich lebe, bin ich der Wahrheit verpflichtet oder lege ich die Wahrheit zu meinen Gunsten aus?

- Verwirkliche ich mein wahres Lebensziel oder belüge ich mich selbst?
- Lüge ich, um zu helfen?
- Glaube ich nur, dass ich helfe? Will ich mich in Wirklichkeit einem Konflikt nicht stellen und suche deswegen eine harmonische Lösung?
- Handelt es sich nicht nur um eine erzwungene Notlüge und meine Angst vor Konsequenzen?

Aus diesen Fragen erkennen wir schon einiges:
- Ich kann andere oder mich selbst belügen.
- Hinter meinen Lügen stecken Emotionen wie Angst, Mitleid, Selbstbetrug, Gier, Minderwertigkeitsgefühle, Hass.

Die einzige Situation, in der die Unwahrheit positiv eingesetzt werden kann, ist bei Hilfeleistung aus bedingungsloser Liebe. Ein Beispiel:

Menschen, die in Kriegen notleidende, verfolgte Personen verstecken, werden die Besatzungsmacht in der Regel nicht darüber informieren, sondern zum Schutze des Hilfsbedürftigen sich auch der Lüge bedienen. Doch dient die Lüge hier der bedingungslosen, selbstlosen Liebe in Form von Hilfe und Schutz für Leib und Leben.

Dieser drastische Fall wird aber sehr oft missbraucht, nämlich für die kleinen täglichen „Not-Lügen". Diese dienen oftmals nicht dazu, anderen durch bedingungslose Liebe zu helfen, sondern sollen die eigene Angst vor der Konsequenz des Gesagten kaschieren. Die Notlüge kann auch der Versuch sein, nicht verletzen zu wollen.

Doch fragen Sie sich nun selbst und erinnern Sie sich dabei an das Spiegelgesetz:
- Wann verletze ich jemanden? Wenn er in *Resonanz mit dem Gesagten* steht.

- Wann steht man in Resonanz? Wenn das *eigene innere Kind verletzt* oder *Schattenseiten nicht integriert* sind. Wenn also Ego-Themen noch vorherrschen.
- Wann sind Ego-Themen noch da? Wenn die *eigene Wahrheit noch nicht verwirklicht* ist, wenn *Unordnung im eigenen Leben* herrscht und nicht die göttliche Ordnung.
- Was ist Unordnung im eigenen Leben? *Lüge – statt Wahrhaftigkeit.*

Wenn ich also jemanden anlüge, weil ich ihn ja sonst „verletze", unterstütze ich dessen Lebenslüge. Bedeutet dies nun, dass ich immer und überall jedem alles sagen muss?

Nein, ganz und gar nicht. Gott liebt die *Wahrheit*, nicht jedoch *Geschwätz*. Lernen Sie zu schweigen und die richtigen Antworten zu geben:

Sie werden von jemandem in ein Geheimnis eingeweiht, z. B. von einem Freund. Andere Menschen sprechen Sie genau auf dieses Geheimnis an. Lügen Sie *nicht*, doch sprechen Sie auch nicht. Entweder schweigen Sie in Gänze dazu oder Sie verweisen auf den Urheber des Geheimnisses: „Wenn du etwas wissen willst, musst du ihn/sie schon selbst fragen."

Sie wissen über einen Betrug bei zwei Partnern und überlegen, dies zu offenbaren: Mit diesem Problem werden wir in unserer Heilerschule sehr oft konfrontiert. Durch Aurasichtigkeit und mediale Fähigkeiten ist solche Unordnung schnell erkennbar. Doch ist es nicht des Menschen Aufgabe, alle zu reformieren. Für jeden Menschen kommt der Zeitpunkt seiner eigenen Wahrheit, *wenn er dazu bereit ist*, nicht wenn ich ihn dazu zwinge. Ein von Gott geführtes Handeln wird mich schweigen lassen, bis ich um Rat gefragt werde, also die Bereitschaft des anderen da ist, etwas anzunehmen. Selbst dann werde ich nicht urteilen, sondern vorsichtig Denkanstöße liefern. Ich sage also nicht: „Dein Partner betrügt dich" – und lasse ihn damit allein. Vielmehr helfen wir dem Hilfesuchenden, darüber nachzudenken, warum gewisse Symptome – körperlich oder seelisch – auftreten, und regen zur Kommunikation mit dem Partner an.

Betrug in der Beziehung spiegelt immer ein großes Maß an Unordnung auf beiden Seiten wider. Wenn man sich als Unbeteiligter in die Angelegenheit anderer einmischt und diese mit seiner Wahrheit zwangsbeglückt, entspringt dies oftmals nicht dem Wunsch, dem anderen bedingungslos zu helfen, also zu lieben; vielmehr steckt dahinter meist der unbewusste Versuch, im Außen die Verletzungen durch Unwahrheiten im eigenen Leben auszuheilen.

Ja, Sie haben richtig gehört: Der Mensch tut Dinge in dem Glauben, etwas richtig oder für den anderen zu machen. In Wirklichkeit spürt man nur eine Resonanz auf ein eigenes Thema im Außen und versucht dann krampfhaft, die Welt im Außen zu missionieren. Zwar ist derartiges Handeln Teil eines Selbstheilungsprozesses, dient jedoch in Wahrheit nicht dem anderen, sondern nur einem selbst.

- Sie erkennen, wie *Unwahrheit im eigenen Leben oft dem eigenen Ego* dient.
- Unwahrheiten im eigenen Leben sind ein *Spiegel für die seelische Entwicklung* eines Menschen.
- *Selbstbetrug ist ein Versuch des Egos*, Themen nicht aufarbeiten zu müssen.
- *Mensch minus Ego ist Gott.*
- Gott liebt die *Rechtschaffenheit, sie dient der Wahrheit.*
- Verwirklichen Sie endlich die Wahrheit und damit Gott in Ihrem Leben!

Wenn die Wahrheit in Ihr Leben Einzug hält, werden sich viele Probleme von selbst lösen. Je mehr Ihr Ego aufgelöst wird und Ängste verschwinden, desto mehr werden Sie frei und akzeptieren Lügen nicht länger.

Ein einfaches Beispiel hierfür: In unserer Tätigkeit als Geistheiler hätten meine Frau und ich täglich die Möglichkeit, Belege für unsere Sitzungen mit den Hilfesuchenden entweder gar nicht auszustellen oder verschwinden zu lassen, um gesetzwidrig Steuern zu sparen. Doch wie können wir Wahrheit predigen und Unwahrheit leben? Ja, wir leben in Österreich, in einem Land mit sehr hohen Steuersätzen, doch ist dies kein Grund zu lügen. Wir würden rein um des eigenen Vorteils willen lügen. Lassen Sie sich Folgendes gesagt sein:

- Gott macht vor dem Geld nicht Halt.
- Gott ist auch das Geld.
- Gott wird Sie in allen Belangen schützen, auch in finanziellen Angelegenheiten.

Bleiben Sie also im Vertrauen auf Gott der Wahrheit verpflichtet. Gott liebt die Wahrheit. Alles, was Sie aussenden, kommt zu Ihnen selbst zurück, auch die Wahrheit.

Lektion Nr. 17:
Gott ist Wahrheit,
die Wahrheit hält nun Einzug in mein Leben.

„Glück ist vor allem die ruhige, frohe Gewissheit der Unschuld."

Henrik Ibsen (1828 – 1906),
norwegischer Dramatiker und Schriftsteller

Gott und die Gerechtigkeit

Konversationen mit Gott sind eine wunderbare Sache, getragen von Klarheit, aber auch Humor. Ja, Gott liebt Humor. Natürlich ist auch das nur ein Aspekt, eine Polarität des Ganzen. Trotzdem kann ich sagen, dass Gespräche mit ihm von Leichtigkeit, Humor und bedingungsloser Liebe getragen sind. Das nachfolgend diktierte Lernthema umfasst die „Gerechtigkeit des göttlichen

Plans". Im Grunde geht es darum, lieber Leser, zu verstehen, dass nichts, was in unserem Leben geschieht, „ungerecht" ist. Bitte vergessen Sie hierbei auch nicht den karmischen Aspekt des Lebens von der sich wiederholenden Wiedergeburt bis zum Einswerden mit Gott. Vielleicht sind diese Zeilen gerade jetzt *für genau Sie* geschrieben, wenn ich Sie frage, ob Sie sich in den folgenden Aussagen wiedererkennen:

- Das Leben ist ungerecht!
- Es existiert Leid, welches nicht von Menschen verursacht wurde! Wie kann Gott da gerecht sein?
- Wieso passiert immer mir das?
- Was kann denn dieser Mensch dafür, dass er dieses und jenes erleben muss?

Im Grunde drücken diese Sätze ein Gefühl des Empfindens von Ungerechtigkeit in der Welt aus. In Wirklichkeit handelt es sich aber nur um einen Mangel an Erfahrung und Einblick: Wir wissen nicht, was vorher geschehen ist, was genau zu den problembehafteten Umständen geführt hat. Gerne verwendet man dieses Schema, wenn man Urteile über andere Menschen fällt: Bei Diskussionen über anderer Leute Beziehungen verteufelt man gerne die eine Seite, während die andere Seite heiliggesprochen wird. „Er ist so arm dran", heißt es dann gegenüber dem einen, während über die andere der Stab gebrochen wird: „Von ihr habe ich ja nichts anderes erwartet ..."

Jeder Mensch bekommt aber als Folge tatsächlich genau das, was er *vorher bewusst oder unbewusst verursacht hat*. Alles ist ein Resultat des eigenen vorherigen Handelns[14].

Wichtig ist jedoch, dass ich beginne, mich von der problematischen Emotion der Annahme von „Ungerechtigkeit" in der Welt zu lösen. Zu erkennen, dass hinter all dem, was geschieht, ein sich selbst erfüllendes System steht, dass Gott liebevoll in uns, durch uns, eben überall wirkt. Gott hilft genau jenen Menschen, die bereit sind, diese Hilfe auch zu empfangen, indem sie ihr Herz öffnen.

---

14   Vgl. hierzu das Kapitel „Was ist Karma?"

Lektion Nr. 18:

Ich öffne mein Herz für die göttliche Liebe und werde frei.

Um dies nun genauer zu erklären, gehen wir zurück zu unseren Sätzen:

„**Das Leben ist ungerecht!**": Leben verläuft nach göttlichen Regeln, nach göttlicher Ordnung und ist niemals ungerecht. Manchmal fehlt uns – wie schon erwähnt – das Wissen um die Zusammenhänge. Das Gesetz von Ursache und Wirkung gilt immer und überall. Die Schöpfung bewegt sich nach klaren Gesetzen, alles schwingt und das Prinzip von *Ursache und Wirkung* erfüllt sich mit unglaublicher Präzision. Das Problem liegt also nicht an der Schöpfung an sich, sondern vielmehr an meinen Wünschen und Anforderungen gegenüber dieser. Im Grunde will sich der Mensch ohne Störung durch andere Menschen selbst verwirklichen. Dies erzeugt Wünsche, die oft nicht erfüllt werden können. Unerfüllte Wünsche erzeugen Mangel. Mangel erzeugt Unzufriedenheit. Es sind also *meine eigenen Wünsche und Vorstellungen*, die Dinge als „schlecht" erscheinen lassen, nicht die Schöpfung an sich. Und wieder sehen wir, wie wichtig es ist, Dinge loszulassen, falsche Bindungen zu lösen, um dieses Gefühl an der Wurzel zu beseitigen. Eigentlich sind wir wie kleine Kinder, die den Wunsch haben, eine ganze Torte zu bekommen und sich dann über ein Stück Kuchen ärgern. Dies ist sicherlich nicht das Problem der Torte, sondern vielmehr das Problem des überzogenen Wunsches, also der Emotion des Kindes.

„Glück ist ein Maßanzug. Unglücklich sind meist die, die den Maßanzug eines anderen tragen möchten."

Karl Böhm (1894 – 1981),
österreichischer Dirigent

„**Es gibt noch jede Menge Leid, das nicht von Menschen verursacht ist!**":
Wir haben schon in vorherigen Kapiteln über das Leid an sich gesprochen. Leid ist wichtig für den Menschen, um sich zu verändern. Für denjenigen, der gerade leidet, klingt dieser Satz natürlich wie Hohn, weil man den Sinn darin nicht erkennen kann. Trotz alledem erfüllt sich *der bestmögliche Plan für die persönliche Entwicklung der Seele des Einzelnen auf ihrem Weg zurück zu Gott*. Es mag sein, dass dieser göttliche Plan nicht mit unserem – vom eigenen Ego behafteten – zusammenpasst. Auch wenn unsere Wünsche anders lauten mögen, gilt es, die Dinge anzunehmen und darauf zu vertrauen, dass alles zu meinem Besten geschieht. Leid dient hier als Medizin, als Korrektiv, das mich zur Veränderung bewegt. Nur sehr wenige Menschen sind bereit, sich auch ohne erlebtes Leid zu verändern; die meisten brauchen einen starken, *schmerzhaften Reiz*, damit sie ihre eigene Situation und damit ihr Verhalten überdenken. Deswegen dient Leid rein der Entwicklung. Im Grunde spiegelt also der Satz über die Ungerechtigkeit Gottes in Bezug auf nicht vom Menschen verursachtes Leid den Versuch in unserem Polaritäts-Verständnis wider, ein Gut-und-Böse-Schema auf Gott anzuwenden. Man kann sich dies vorstellen, als ob die Semmel aus ihrem Realitätsempfinden heraus den Bäcker zu definieren versucht, indem sie sagt, der Bäcker sei entweder knusprig gebacken oder noch roh. Der Bäcker steht jenseits dieser Definition, *so wie Gott sowohl die Ungerechtigkeit als auch die Gerechtigkeit als menschliche Eigenschaften nicht besitzt*. Genau diese menschliche Definition Gottes und das Unwissen um die Hintergründe der karmischen Geschehnisse sind es, die uns Menschen Situationen wie z. B. verhungernde Kinder in Dritte-Welt-Ländern als zutiefst ungerecht empfinden lassen. Nein, dies spricht uns nicht davon frei, *etwas zu tun*. Im Gegenteil: Wir alle sind eins. Aus diesem Grund ist jeder von uns angehalten, innerhalb seiner Möglichkeiten zu helfen. Dies beginnt in der eigenen Familie, dann bei unseren Nachbarn, bei den Menschen in der gleichen Stadt, im ganzen Land und schließlich der gesamten Welt.

Gott ist, und darauf können wir vertrauen. Nehmen Sie daher jede Situation an und wachsen Sie an ihr. Dies ist das Wichtige, das es zu verstehen gilt. Nichts ist eine persönliche Strafe, sondern ein Zeichen, dass Veränderung Ihrerseits notwendig ist oder eine seelische Erfahrung gemacht werden muss. Durch genau diese seelische Einstellung wird es möglich, vergeben zu können, da das scheinbar sinnlose Leiden, welches man erlebt, einen Hintergrund bekommt. Durch diesen Hintergrund kann vergeben werden, wodurch sich sehr oft, wie ein Wunder, die problematische Situation verändert.

„Manchmal ist man so verbohrt, dass man erst mit sanfter Gewalt auf sein Glück gestoßen werden muss."
Hans Bemmann (geb. 1922),
österreichischer Schriftsteller

„Wieso geschieht das immer mir?":
Das Außen ist ein Spiegel für Ihre inneren Emotionen. Einerseits sind Sie oft schon darauf programmiert, dass Sie nichts anderes verdienen als Unglück. Andererseits werden Sie genau dieses Unglück immer und immer wieder im Außen sehen und damit konfrontiert. Es ist ein Ausdruck, ja ein Aufruf der Seele, sich mit dem Thema auseinanderzusetzen, den Satz zu verinnerlichen: „Es darf mir gut gehen!" Dies kann man durch Übungen, die in diesem Buch beschrieben sind, erfahren. Machen Sie sich deutlich, dass sich jeder Ihrer bewussten und unbewussten Glaubenssätze materialisieren wird. Wenn Sie Angst vor etwas haben, ist die Wahrscheinlichkeit sehr hoch, dass das, wovor Sie sich fürchten, auch eintrifft. Es gilt, unsere Gefühle zu ordnen, deren Ursachen zu erkennen und bei sich selbst die Ursache von Leid zu beseitigen.

„Glück ist kein Geschenk der Götter – es ist die Frucht einer inneren Einstellung."
Erich Fromm (1900 – 1980),
Psychoanalytiker

„**Was kann dieser Mensch dafür, dass er das erlebt?**": Wieder fehlt es an Informationen, sei es über die karmischen Zusammenhänge oder die Geschehnisse (Gedanken, Worte oder Taten) in diesem Leben, welche diesen Menschen genau in seine Situation gebracht haben. Ja, dies gilt auch für Kinder, die gleich nach der Geburt sterben, also in dieser Inkarnation noch keine Taten vollbracht haben. Jedoch ist diese Erfahrung in ihrem göttlichen Plan wichtig, aufgrund von Geschehnissen während der letzten Inkarnation. Deswegen ist es auch notwendig, dass ich an meinem eigenen Seelenheil arbeite, die Themen aufzulöse, da ich wahrlich meines eigenen Schicksals Schmied bin.

„Jeder hat sein eigen Glück unter den Händen, wie der Künstler eine rohe Materie, die er zu einer Gestalt umbilden will. Aber es ist mit dieser Kunst wie mit allem; nur die Fähigkeit wird uns angeboren, sie will gelernt und sorgfältig ausgeübt sein."

Johann Wolfgang von Goethe (1749 – 1832),
Universalgelehrter und Dichter

Wenn wir also die Frage nach *Ungerechtigkeit und Gerechtigkeit* genauer betrachten, erkennen wir, dass Gott weder die eine noch die andere Eigenschaft *an sich* besitzt. **Gott ist** und hilft uns immer dann, wenn wir bereit sind, uns zu öffnen und uns hinzugeben. Was Leid und Zweifel verursacht, sind zutiefst menschliche Eigenschaften, an welchen es zu arbeiten gilt:

- das eigene *Unwissen um die karmischen Zusammenhänge* und der Mangel an Erfahrung,
- *Fanatismus,*
- egoistische *Wünsche.*

Diese Eigenschaften lassen Ereignisse in unserem Leben ungerecht *erscheinen*. Wer an seinen Charakterzügen arbeitet, kann das Leben der anderen und sein eigenes befreien und erfüllen. Folgende Tugenden sollte ich erlernen:

- *die Erkenntnis,* dass es gilt, an mir zu arbeiten, Erfahrungen zu sammeln und alle mir gestellten Aufgaben anzunehmen;
- *Toleranz* gegenüber allem, was da ist. Denn jeder muss seinen Weg gehen, in seinem ihm angemessenen Tempo. Dies bedeutet, *das Verurteilen* in allen Aspekten des Lebens, wie zum Beispiel Religion, Kultur etc., aufzugeben; auch gilt dies in Bezug auf Menschen. Werfen Sie niemals den ersten Stein.
- *Befreiung* durch Begrenzung der eigenen Wünsche, denn der Wunsch an sich schafft die Begierden, die bei Nicht-Erfüllung zu Leid führen. Davon unbenommen ist die Visualisierung einer Zukunft in Fülle: Ein Wunsch spiegelt ein Verlangen wider. Ein Wunsch erzeugt Mangel, da er noch nicht erfüllt ist. Mangel schafft Unzufriedenheit. Eine Visualisierung dagegen sollte eine befreiende Emotion der Zukunft widerspiegeln, durch welche keine Abhängigkeit oder Mangel entsteht.

Ein Beispiel wäre, wie ich als Autor die Zukunft dieses Buches visualisiere. Ich spüre förmlich die Freude, die das Buch vielen Menschen bringen wird. Ich sehe und spüre, wie das Buch weitergereicht wird und noch mehr Menschen es lesen und sich daran erfreuen. Weiter sehe und fühle ich die Zukunft, wie durch die Verbreitung des Buchs noch mehr Zeit zum inspirierten Schreiben vorhanden sein wird. Ich freue mich darüber und dies inspiriert mich noch mehr. Doch in keinem Moment bin ich von dieser Visualisierung abhängig. Ich spüre die reine Freude, ja, es ist eine schöne Zukunft.

Gott und die Sicherheit

Es stehen tagtäglich viele Entscheidungen an – finanzieller, gefühlsmäßiger, rationaler und anderer Natur. Wir haben uns angewöhnt, diese Entscheidungen auf der *Verstandesebene* zu lösen. Wir erhalten dadurch Sicherheit, etwas kontrollieren zu können. Doch dies ist nicht wahre Hingabe oder Vertrauen auf Gott. Ich rede hier nicht von Teilnahmslosigkeit oder der Unfähigkeit, Entscheidungen zu treffen. Nein, im Gegenteil, Sie sollen sehr wohl die Entscheidungen treffen. Jedoch nicht mit Ihrem Verstand oder Ihrer Emotion, sondern durch Ihr Höheres Selbst, welches sich durch Ihre Intuition zeigt. Denn diese ist Ihre ganz persönliche Verbindung zu Gott. Wie geht das?

Ein Beispiel:

Ein Handelsvertreter stellt Ihnen ein Produkt vor, das Sie als Selbstständiger wunderbar verkaufen können. Alles passt: das Marketing, die dahinterstehende Firma mit ihrer Philosophie, die Verkaufs-Marge etc. Sie sehen die Unterlagen durch und Ihr Verstand sagt ganz klar: „Ja, das passt." Doch neben dieser verstandesmäßigen Erklärung ist da dieses Gefühl in der Magengegend. Sie spüren, wie der Magen sich zusammenzieht, ein seltsames Unwohlsein, das Sie nicht genau definieren können.

Zur Erklärung:

Sie müssen wissen, dass der Magen auf der energetischen Ebene der Sitz des Urteilszentrums ist. Dies bedeutet, dass der Magen *alles* bewertet, was in Sie einfließt. Nicht nur das Gegessene oder Getrunkene wird bewertet, nein, auch alles, was Sie sehen, hören, fühlen oder sonst mit Ihren Sinnen aufnehmen, bewertet der Magen. Wenn also Ihr Bauchgefühl ein ungutes ist, seien Sie auf der Hut. Das Bauchgefühl irrt niemals. Es ist natürlich möglich, dass Ihre Ängste dieses Gefühl überlagern. In diesem Fall ist es wichtig, sich zuerst zu beruhigen. Dann können Sie das Urteilszentrum sogar direkt ansprechen. Wenn eine Entscheidung ansteht, fragen Sie direkt Ihr Höheres Selbst: „Ist dies gut für mich, bitte antworte mir!" – und fühlen Sie in Ihre Bauchgegend. Sie bekommen Ihre Antwort.

Chronische Magenschmerzen deuten z. B. auf einen Missbrauch Ihres Urteilszentrums, also Ihres Magens, hin. Vielleicht leben Sie in einer Situation, die von Stress und Problemen geprägt ist? Ihr Magen hat schon viele Male darüber ein Urteil gesprochen und Ihnen signalisiert: „Mir geht es nicht gut so – ändere etwas!" – doch Sie haben die Warnzeichen mit Sturheit und rationalem Denken ignoriert. Frei nach dem Motto: „Höre auf, Magen, mir wehzutun, da sind ein paar Tabletten, ich muss schließlich wieder funktionieren!" Lassen Sie sich gesagt sein, dass die Seele am Ende immer „gewinnt". Ihr eigenes Höheres Selbst wird diesen Missbrauch nicht dulden und darauf mit einer chronischen Krankheit antworten.

Warum also handelt der Mensch nicht? – Aus *Angst*. Aus *Angst vor der Konsequenz der Handlung*: „Ich kann doch nicht den Chef mit seiner Ungerechtigkeit konfrontieren, der kündigt mir, lieber ertrage ich die Demütigungen und habe einen Job ..." Aus Angst vor dem Gedanken und der Konsequenz, *was sein könnte, wenn* ... Der Mensch lässt sehr oft Vergewaltigungen der eigenen Seele und damit der eigenen Göttlichkeit zu. So verleugnen wir unsere eigene Schönheit und damit Gott, und landen direkt beim Thema Leid.

Gott gab uns aber das Versprechen, immer für uns da zu sein und uns zu helfen, wenn wir nur einen Schritt in seine Richtung gehen und auf unser Höheres Selbst hören.

„Und sieh, ich bin bei euch alle Tage bis an das Ende der Welt."

Jesus Christus, nach Matthäus-Evangelium 28,20

„Du bist nicht auf der Erde, um unglücklich zu werden. Doch Glück ist allein der innere Friede. Lern ihn finden. Du kannst es. Überwinde dich selbst und du wirst die Welt überwinden."

Siddharta Gautama Buddha

„Warum fürchtet ihr euch, wenn ich doch da bin? Setzt all euren Glauben in mich, ich werde euch führen und beschützen."

Sathya Sai Baba

Diese Sätze drücken genau dies aus. Hier ist nicht der Mensch, der Leib, der Körper gemeint, sondern der allumfassende Gott, alles, was uns umgibt. Wenn ich mich über meine Ängste und Zweifel erhebe und auf meine innere Stimme, welche sich eben in unserem Körper vielfältig ausdrückt, höre, werde ich getragen von einem Gefühl der Sicherheit und Geborgenheit. Man kann mit Hilfe dieser Führung Erstaunliches erleben, wahre Wunder werden möglich. Fangen Sie klein an, vertrauen Sie. Dieses Vertrauen ist die beste Entscheidung, welche Sie in Ihrem Leben jemals treffen werden.

„Alle Freude, alles Glück, das wir außen empfinden, ist eine Widerspiegelung unseres wahren inneren Selbst, die dann entsteht, wenn wir in einer Sache völlig aufgehen."

Kirpal Singh (1894 – 1974)

Lektion Nr. 19:
Ich vertraue Gottes Führung.

Gott und die Stille

Während wir mit Hilfe der Zwillingseigenschaften intensiv an uns arbeiten, werden wir ab und an in die alten Muster zurückfallen. Wir erkennen aber immer besser,

- warum etwas geschieht und dass etwas in dieser Situation mit uns selbst zu tun hat;

- dass für diese Situation immer genau jetzt der richtige Zeitpunkt ist, aus ihr zu lernen;
- dass wir zwar manchmal den großen Plan dahinter nicht sehen und daher nicht verstehen können, diesen aber dankbar annehmen;
- dass starke Emotionen, ausgelöst durch andere Menschen, nur ein Spiegel innerer, nicht aufgelöster Themen sind.

Diese weise Sicht macht viele Dinge einfacher. Wir erkennen, dass es immer wir selbst sind, die unser Schicksal beeinflussen. Betrachten wir eines der schwierigsten Lernthemen, welches es zu meistern gilt. Das *Gefühl des Ärgers*. Dies ist eine Emotion, die es sehr schwierig macht, ruhig und gelassen bei sich selbst das Lernthema zu suchen. Wie verhalte ich mich nun, wenn in mir dieses Gefühl des Ärgers aufsteigt?

Verdrängen? Nicht zulassen? In „Licht und Liebe" regeln?

Im Reiki-System der natürlichen Heilung lautet eine Lebensregel: *Gerade heute ärgere dich nicht*. Ärger über etwas hilft niemandem, sich dem Ärger zu überlassen hilft noch weniger.

„An seinem Ärger festzuhalten ist genauso wie eine glühende Kohle in die Hand zu nehmen, um sie nach jemandem zu werfen; du bist derjenige, der sich verbrennt."

Siddharta Gautama Buddha

Wenn der Ärger, den ich empfinde, aus Resonanzen (im Gegensatz zum später erklärten *„gerechten Zorn"*) entstanden ist und ich zu einem ruhigen Gemüt finden will, muss ich in die Stille gehen. Doch wie? Gerade in den schwierigsten Situationen hilft die folgende Übung – die Übung der Stille:

Visualisieren Sie sich Ihr Bild von Gott (Christus, Buddha, Allah, ein Kreuz, Licht, einen Wald, das Universum o. a.)
Wiederholen Sie den von Ihnen gewählten Namen Gottes dreimal.
Sollten Sie sich gerade über eine Person geärgert haben, visualisieren Sie Ihr Bild Gottes *in* der anderen Person. Die *an-*

dere Person wird zu Gott. Dann wiederholen Sie dreimal Ihren Namen Gottes im Geiste.

Bevor Sie jetzt verwundert den Kopf schütteln: Versuchen Sie diese Übung, wenn Sie sich wirklich ärgern und sich beruhigen wollen. Das am meisten Leidvolle in Situationen des Ärgers ist, sich Gedanken hinzugeben, die noch mehr Ärger erzeugen – Situationen aus der Vergangenheit, Gedanken und Gefühle, die wehtun etc. Da der Mensch schwer in der Lage ist, ruhig zu reagieren, wenn sein Ärger einmal überhandgenommen hat, braucht es einen *starken Gegenpol*. Dies wird mit Hilfe des Verstandes durch diese Übung erreicht, und man findet sehr schnell wieder in die Ruhe. Denn genau in dieser *Stille sind wir Gott am nächsten*. Warum ist dies nun so wichtig?

Es geht darum, seine eigenen Energien gesammelt in der Mitte zu halten – nicht durch den Verstand, sondern durch Auflösung des eigenen Egos auf der emotionalen Ebene. Wir haben mit Hilfe der Zwillingseigenschaften festgestellt, wo unsere Themen liegen. Wir haben Gebetsaffirmationen erhalten, mit denen wir diese Emotionen korrigieren können. Dennoch wird immer wieder Ärger – als starke, destruktiv wirkende Emotion – auftauchen, den wir in Akutsituationen in den Griff bekommen müssen. Nicht umsonst spricht man *vom kühlen Kopf bewahren*. Dieses Sprichwort kommt daher, dass die rote Energie des Wurzel-Chakras bei einem Tobsuchtsanfall durch die Wirbelsäule zum Kopf emporsteigt und man die Kontrolle verliert, während diese Kraft destruktiv wirkt. Man kann diese Energie aber auch positiv anwenden – mit Hilfe der *Übung der Stille*.

Auch wenn ich emotional ausgeheilt bin und nicht in Resonanz stehe, kann es manchmal zu Situationen kommen, in denen diese Energie aktiviert wird. Dies kann in Situationen größter Bedrängnis der Fall sein oder in einer Situation *des gerechten Zorns*, in welcher fast übermenschliche Selbstsicherheit, Schnelligkeit oder Vehemenz gefordert sind. Dann wirkt diese Kraft in der Wirbelsäule nicht destruktiv, sondern vielmehr positiv als Verstärker meines Handelns. Hierzu ein Beispiel:

Als Jesus den Tempel in Jerusalem betrat und dort Spieler und Geschäftemacher vorfand, reagierte er vehement. Er warf alle Tische um und vertrieb die Heuchler.

„*Er gleicht dem Erzengel an der Schwelle des verlorenen Paradieses. Er hat kein flammendes Schwert in der Hand, aber Flammen in den Augen, die wie Blitze die Spötter und die Tempelschänder treffen. Er hat nichts in den Händen. Nur heiliger Zorn erfüllt ihn. Mit diesem schreitet er eilig von einem Tisch zum anderen, auf denen die Münzen sorgfältig nach ihrem Wert geordnet sind. Er wirft die Tische und Bänke um, und unter den Schreien der Wut, der Bestürzung und auch des Beifalls, hört man das Klingen der zu Boden fallenden Münzen und Tische.*" [15]

Gott und das Gespräch

Viele fragen sich, ob Gott einen hört, ob man mit dieser göttlichen Kraft kommunizieren kann. Ja, selbstverständlich. Doch in einer Art, wie Sie es sich wahrscheinlich nicht vorstellen können. Jeder Gedanke, jedes Wort, jede Tat wird von der universellen Energie, die wir Gott nennen, aufgenommen. Gott ist das Wort. Daher auch die Allwissenheit als göttliche Eigenschaft. Doch wie sieht es mit den Antworten aus? Auch diese geschehen auf mannigfaltige Art. Es können innere Bilder sein, es können Worte sein, es kann eine Person sein, die Ihnen innerhalb kürzester Zeit „geschickt" wird, es kann sein, dass Ihnen etwas zufällt.

Problematisch ist, dass viele Menschen – voll von ihren eigenen Ego-Themen (siehe das Kapitel über die Zwillingseigenschaften) – ihre eigene Energielinie blockieren. Dadurch verstopft der energetische Kanal in der Wirbelsäule, weshalb die Menschen nicht mehr so durchlässig für Energieflüsse sind.

---

[15] Maria Valtorta: *Der Gottmensch – Leben und Leiden unseres Herrn Jesus Christus*. Parvis-Verlag, Hauteville/Schweiz 2000, 1. Lehrjahr, Paschafest (Kap. 88, S. 4).

Wenn dies geschieht, werden wir spirituell taub und blind, was wiederum bedeutet, dass wir weniger wahrnehmen, was Gott uns sagt oder antwortet. Im schlimmsten Fall werden wir nicht mehr an Gott glauben, wird er für uns nicht mehr existent sein und werden wir auch kein Gespräch mehr mit ihm führen. In so einem Fall bleibt alles, was uns im Leben geschieht, bei uns und ist von uns allein zu regeln. Dies ist dann ein sehr hartes und einsames Leben. Ja, das Gespräch mit Gott ist befreiend!

Doch worüber spreche ich mit Gott?
Über alles. Über die Familie, die Arbeit, Freude und Leid, Licht und Dunkelheit. Gott liebt es, unsere Stimme zu hören. Wieso? Im Gespräch verbinden wir uns mit dem Höheren Selbst. Liebevoll erzählen wir, vertrauen wir. Dadurch kommt die Liebe wie ein Echo zu uns zurück. Wie schon anfangs erwähnt, kommt alles, was wir aussenden, zu uns zurück. Es ist ein Weg zum Glück. Beziehen Sie also Gott wie einen Freund in Ihr Leben ein. Dies ist wichtig, wenn man den Weg der Befreiung gehen will.

Wenn ich eine Bitte habe, was sollte ich bedenken?
Der Wunsch, den Sie auf Gottes Liste der zu erledigenden Dinge setzen, sollte einfach formuliert sein, niemandem Schaden zufügen, sondern Leid vermeiden und Freude bereiten. Wünsche sind etwas sehr Kraftvolles, daher sollte ich mich fragen, ob der Wunsch notwendig ist. Ein Wunsch nach viel Geld ist sinnlos, da nicht automatisch Glück daraus folgt. Jemand in Ihrer Verwandtschaft stirbt und Sie erben. Das Geld ist da und durch Ihren Geldwunsch damit auch Ihre Schuldgefühle. Vielmehr sollte man sich allumfassende Zufriedenheit wünschen. Am besten sollten Sie Unterstützung für die Arbeit mit den Zwillingseigenschaften erbitten, da dies dem höheren Ziel dient. Der Rest ergibt sich von selbst. Fülle folgt von allein.

Der Alltag als Gespräch mit Gott
Jeder Mensch und jedes Lebewesen, mit dem wir kommunizieren, ist ein Teil Gottes. Daher sollte unser Umfeld respektvoll

behandelt werden. Folgendes sollten wir uns fragen, bevor wir mit anderen Menschen oder Lebewesen sprechen:

Ist das Gesagte wahr? – Das, was ich sagen werde, ist nicht verkehrt oder eine Lüge oder durch meinen Einfluss gefärbt.

Ist das Gesagte liebenswürdig? – Spreche ich um meinetwillen – um mich sprechen zu hören – oder deswegen, weil es mir um einen wirklichen Austausch mit meinem Gegenüber geht?

Wird es jemanden verletzen? – Verletzung bringt niemandem etwas, ganz im Gegenteil, es kommt unweigerlich wieder zu einem selbst zurück. Ein Beispiel hierfür ist die Kommunikation in einer Beziehung, wo zwar manchmal ein reinigendes Gewitter stattfinden muss, um beide Positionen neu zu überdenken – jedoch niemals verletzend. Es sollte zwar offen und ehrlich, jedoch nicht mit dem Ziel formuliert sein, dem anderen wehzutun. Wenn ich etwas doch verletzend formuliere, handelt es sich um Resonanzverhalten auf mein Gegenüber. Dies sollte dann meinem Gegenüber aufzeigen, dass er an seinem Thema arbeiten sollte. Als Partner kann man hier nur mit Liebe und Verständnis reagieren, nicht jedoch mit Druck. Wie kann ich in meiner Partnerschaft Resonanzverhalten verringern? Verwenden Sie im Gespräch „Ich-Sätze". Ein solcher Satz könnte lauten: *„Ich fühle mich unwohl und bekomme Magenschmerzen, wenn du so vehement wirst"* anstelle von *„Du bist so aggressiv"*.

Ist zu reden besser als zu schweigen? – Dient das, was ich sage, mir selbst und meinem Rededrang, oder dient das Gesagte als „Gottesdienst" meinem Gegenüber? Wenn intensive Kommunikation dem anderen dient, dann ist es auch wichtig, dies zu tun. In Wahrheit zu kommunizieren bedeutet, manchmal auch Dinge zu sagen, die einen selbst beim Gegenüber disqualifizieren. Es dient jedoch dem Höheren Selbst und der Weiterentwicklung des anderen, auch wenn er dies momentan noch nicht so sehen kann. Dies betrifft vor allem Menschen, die andere Menschen leiten oder in lehrenden Berufen tätig sind. Wenn Schüler sich aus freiem Willen einen Lehrer suchen, ist es auch wichtig, dass der Lehrer offen und ehrlich kommuniziert – mit dem Ziel, den Schüler weiterzubringen. Gerade dem Lehrer sollte es darum gehen, dem Schüler zu dienen und nicht einen „Preis für Nettigkeit" gewinnen zu wollen. Lehren bedeutet gefühlvolles Führen des Schülers als Dienst an ihm: Dient das Gesagte auch tatsächlich dem anderen? Gerade in den schwierigen Fällen tendiert man dazu, entweder *zu viel* oder aber *zu wenig* zu sagen, eben aus Angst vor der Konsequenz. Doch mit der Frage, ob es dem anderen dient, kann man die Entscheidung sehr viel leichter treffen. Hier gilt es auch zu erkennen, ob mein Gegenüber meine „Weisheit" überhaupt hören möchte.

Gott und die Güte

Es gibt keinen strafenden Gott. Wir selbst erschaffen unsere Realität. Die meiste Zeit unbewusst, da die meisten Menschen unbewusst leben. Den Pfad der Bewusstwerdung zu gehen, bedeutet auch, Gottes umfassende Güte zu empfangen. Das Gesetz der Fülle bewahrheitet sich und es gibt keinen Mangel mehr. Dies wird wahr auf allen Ebenen, sei es Liebe, Gesundheit oder materielle Güter. Man ist umsorgt und es gibt keinen Grund mehr, sich zu sorgen. Man kann sich Gott ganz hingeben, voll vertrauen, man trifft Lebensentscheidungen mit dem Gefühl, dass Gott einen leitet. Es gibt keinen strafenden Gott, der Weg wird immer belohnt. Dies ist die Güte Gottes, der allumfassenden Energie, die uns umgibt, von der wir ein Teil sind. Solange wir nicht erkennen, dass wir alle Ebenbild Gottes sind, solange wir unsere eigene schöpferische Kraft – also eine göttliche Eigenschaft – weder erkennen noch anerkennen, kann diese nur unbewusst arbeiten. Blicken Sie zurück auf Ihr Leben und fragen Sie sich:

- Welches waren die schlimmen Erlebnisse in Ihrem Leben?
- Was haben Sie durch diese Geschehnisse erleben und erfahren dürfen?

- Was haben Sie dadurch gelernt?
- Was würden Sie wieder tun, was nicht?
- Diese Ereignisse betrachtend – hat sich Ihre Lage verbessert?

Wenn sich Ihre Lage verbessert hat, sind Sie ein Mensch, der das Lernthema bewusst oder unbewusst begriffen hat. Wenn die Lage subjektiv schlechter geworden ist, haben Sie entweder das Lernthema noch nicht erkannt oder es ist genau jetzt an der Zeit, das folgende Lernthema anzunehmen: das Schöne im Leben zu sehen. Der Grund ist einfach: Durch eine subjektive Verschlechterung der eigenen Lage beginnt der Mensch zu zweifeln. Hier ist eine erste gedankliche Korrektur notwendig. Diese Korrektur bedeutet, das Schöne im eigenen Leben zu erkennen. Es liegt ganz an Ihnen, über die Arbeit mit den Zwillingseigenschaften die ganze Güte Gottes zu empfangen. Fangen Sie an, aktiv zu werden und Ihren schöpferischen Geist in die richtigen Bahnen zu lenken! Gottes Wille ist es, dass wir uns voll und ganz in Liebe entfalten und nicht im Schmerz verhaftet bleiben. Sie werden erkennen, dass jedes Thema, das mit Ihrem Leben zu tun hat, irgendwie mit den Zwillingseigenschaften verknüpft ist und so weiter und weiter wirkt. Hören Sie daher auf, trotzig auf Gott und die Gegebenheiten zu reagieren, anerkennen Sie Ihre Position im Spiel des Lebens und nehmen Sie die Würfel in die Hand. Viele lassen eben diese Würfel unbewusst fallen und wundern sich über die Augenzahl, die ihnen das Leben beschert. Gottes Güte ist aber allgegenwärtig und wartet nur darauf, von Ihnen aktiviert zu werden.

Mit diesem Wissen sehen Sie sich die vorherigen Fragen noch einmal an. Haben Sie wirklich nichts aus diesen Situationen gelernt?

Gott und die Vergebung

Da wir nun um den schöpferischen Aspekt des Menschen wissen, der vielleicht noch unbewusst in uns schlummert, sollten wir verstehen, wie wir diesen anwenden können. Eine der wichtigsten Kräfte, die unser Leben nachhaltig verbessern kann, ist die Kraft der Vergebung. In vielen Religionen ist das Konzept der Vergebung bekannt – aber es wird oft vollkommen verkehrt angewandt. Es werden Gebetsformeln gesprochen, die eigentlich so nicht wahr sind, in der Hoffnung, dass diese als Affirmation und mit Gottes Hilfe wahr werden. Ein einfaches Beispiel hierzu:

Eine Frau lässt sich, nachdem sie ihren Mann mit einer Freundin erwischt hat, scheiden. Sie hasst ihren Mann, sie hasst ihn für die Zerstörung ihrer Familie, ihrer Sicherheit, ihres Vertrauens und vieles mehr. Sie kann und will seine Tat nicht verstehen und sie leidet. Sie ist in einer christlich geprägten Familie aufgewachsen; regelmäßig ist sie in der Kirche beim Gottesdienst anzutreffen. Wie oft schon hat sie die Zeilen gebetet: „Wie auch wir vergeben unseren Schuldigern." Wahr geworden ist dieser Satz deswegen nicht, im Gegenteil. Unsere Frau wird mehr und mehr verbittert. Der Hass macht sie am Ende bindungsunfähig.

Vergebung funktioniert anders; das Gebet ist in dieser Form nicht zielführend. Leider sind die Gebetshäuser heute voll von Menschen, welche die eigentliche Bedeutung des Gebetes aus den Augen verloren haben. Wie funktioniert also die Vergebung unter Verwendung meiner eigenen schöpferischen Kraft wirklich?

- Schritt 1: Erkenne den Sinn – *warum* ist das geschehen, was geschehen ist? Es geht nicht darum zu sagen: „Warum hat *der andere* dies oder jenes getan?" Die Frage sollte vielmehr lauten: „Warum habe *ich* das zu lernen?"

- Schritt 2: *Was* habe ich zu lernen, was hat diese Situation mit *mir* zu tun? Was waren *meine* Taten, die mich hierher geführt haben? Selbst wenn die Ursachen karmischer Natur sind, werden diese sich von ganz allein zu erkennen geben. Sei es, dass eine Person in Ihr Leben tritt, die Ihnen Aufschluss geben kann, oder dass Sie einen Traum erleben, der Ihnen die Antwort liefert.

- Schritt 3: *Anerkennen* meiner eigenen Taten, die hierzu geführt haben.

- Schritt 4: Durch das Wissen, dass man seines eigenen Schicksals Schmied ist, kann man das Gegenüber *freisprechen* und *vergeben*.

Dies ist der Weg der Vergebung. Erst im vierten Schritt wird mit Gott, also der eigenen schöpferischen Energie, gesprochen. Doch wie Sie sehen, gilt es, Vorarbeit zu leisten. Wir gehen nun zurück zu dem Beispiel mit der Frau und lösen dieses auf:

In ihrer Verbitterung und Suche nach einer Lösung erfährt die Frau von der schöpferischen Kraft in ihr und der Möglichkeit der wahren Vergebung. Sie setzt sich eines Abends mit Wehmut in das Wohnzimmer, welches sie mit ihrem Ex-Mann eingerichtet hat, und fängt an, selbstkritisch darüber nachzudenken, was in ihrer Beziehung geschehen ist und was sie selbst zu dieser Situation beigetragen hat. Sie weiß um die Zwillingseigenschaften und sitzt nun nachdenklich da auf der Suche nach Antworten. Eigentlich war ihr Ex-Mann sehr herrisch, sie hat ja immer wieder versucht, ihm alles recht zu machen. Sie war eine wunderbare Frau, hat neben ihrem Job den Haushalt geführt, war immer für ihn da und hat auch seine Launen stillschweigend erduldet. Nein, sie hat nichts falsch gemacht. Wie konnte er nur! Ihr Blick fällt auf die Zwillingseigenschaften.

Sie denkt sich: „Wie ich dieses Wort ‚Unterwürfigkeit' hasse! ‚Sich demütigen' ist auch schlimm."

Sie weiß vom Spiegelgesetz und erkennt daher, dass diese starke Emotion diesen Worten gegenüber eigentlich eine Re-

*flexion ihrer selbst ist. Ja, sie hatte sich sehr oft gedemütigt, um Streit zu vermeiden. Und der lieben Harmonie wegen. Langsam wird ihr einiges klar. Der eine Pol ist nicht besser als der andere, „Unterwürfigkeit" nicht besser oder schlechter als „Tyrannei". Beides sind Pole, die aus der Mitte gekommen sind; ihr Partner hat ihr Lernthema widergespiegelt. Sie hätte erkennen müssen, dass sie zu sehr im Pol der Schwäche gefangen war. Sie hat mittels Demütigungen und Unterwerfung brav ihre schwache Stellung verteidigt und gehalten. Sie war nicht bereit, sich ihren Ängsten zu stellen, eine Konfrontation zu beginnen und für ihr Höheres Selbst zu kämpfen. Zu groß war die Angst, ihm nicht mehr zu entsprechen, nicht mehr zu gefallen. Und dann geschah es also: **Ihre unbewusste Angst** setzte die Energie des Höheren Selbst frei, die unbewusste schöpferische Kraft manifestierte sich und sie entsprach wirklich nicht mehr, sie war tatsächlich nicht mehr genug. Eine andere Frau trat in sein Leben.*

*Traurig sitzt nun unsere Frau da – mit der Erkenntnis, selbst genug dazu beigetragen zu haben, dass die Situation so wurde, wie sie nun ist. Sie erkennt, **warum** das geschehen ist; sie erkennt, **was** ihr Zutun zu dem Ganzen ist, wie ihr Lernthema lautet. Sie muss nun stärker werden, darf sich niemals demütigen lassen oder unterwürfig sein. Sie muss für ihre eigene Göttlichkeit einstehen und bereit sein, dafür zu kämpfen, ihre Schwäche zu überwinden und ihre Stärke zu integrieren. Dies ist der Moment, in welchem sie die Vergangenheit anerkennt; sie sieht den Sinn in den Ereignissen und kann diese annehmen. Als sie alles klarer sieht, sitzt sie weinend auf der Couch; ihren Ex-Mann kann sie jetzt nicht mehr hassen. Sie spricht ihr Gebet: „Ich vergebe meinem Ex-Mann. Ich weiß nun, dass ich meinen Teil dazu beigetragen habe. Ich bin bereit, diesen Teil anzunehmen und zu lernen. Dabei unterstütze mich Gott und spreche uns beide nun frei. So sei es."*

Und so geschah es!

Gott und die Beziehung

Die Zwillingseigenschaften sind sehr dienlich, wenn man an seiner Beziehung zum Partner arbeiten will. Man wird erkennen, dass der Partner ein Gegenstück zu einem selbst ist: Wo die eigenen „Themen" gelagert sind, bewegt sich der Partner sehr oft im anderen Extrem. Dies sind die „Herzensbeziehungen", die Beziehungen, zu denen man sich hingezogen fühlt. Der Grund ist einfach. Hier kann die eigene Seele am meisten lernen. Wenn nun aber zum Beispiel die Frau sehr stark in der „Unterwürfigkeit" verhaftet ist und ihr Mann in der „Tyrannei", kann es bei Nichtauflösung der Themen zu einer wahren Hassliebe kommen. Sofern die Beziehung in die Brüche geht, werden sich beide Partner neue Gegenüber suchen. Manche Menschen, die aber unbeweglich im alten Muster verhaftet bleiben, suchen sich dann eventuell einen Partner, der ihnen ähnlich ist, einen energetischen Klon sozusagen. Dies ist dann oft eine Kopfbeziehung, also entstanden auf der Vernunftebene. Hier kann die Seele nur bedingt lernen. Dann spiegelt sich das Lernthema verstärkt im Außen, also der Umwelt, wider. Doch wird die Beziehung in diesem Fall dafür missbraucht, nichts in seinem Leben ändern zu müssen. Beziehungen, die aber aus dem Herzen geschlossen wurden, sind ein *wunderbares, immer perfektes* Umfeld, um die eigenen Themen zu erlernen. Wenn ich dies erkenne und auch annehme, dass mein Partner eigentlich mein Lehrer ist, befinde ich mich schon auf dem richtigen Weg. Diese Einstellung zu einer Beziehung ist der Gegenpol zum Trend der „Lebensabschnittspartnerschaft". Allein diese Bezeichnung zeigt den Konsumgedanken unserer heutigen Gesellschaft. Man konsumiert den Partner, solange es passt, schließlich wird er ausgewechselt. Eine Partnerschaft, die aber auf Wachstum aufgebaut ist, die anerkennt, dass beide Partner das Yin und Yang, also die Polaritäten, widerspiegeln, wird die Menschen glücklich machen.

Es ist also nicht die Veränderung unserer Zeit oder die Einstellung zur Berufstätigkeit, die dazu geführt haben, dass immer mehr Ehen geschieden oder nicht mehr geschlossen werden, sondern vielmehr der Mangel an Spiritualität und Erkenntnis dessen, was Partnerschaft eigentlich ist. Der Mensch in der westlichen Welt tendiert dazu, sich nicht verändern zu wollen, lieber zu konsumieren als zu lernen. Natürlich kann dieser Lebensstil auf Dauer nicht glücklich machen – er ist ein kurzlebiges Vergnügen, welches viel Schmerz zu einem selbst zurückkommen lässt. Der Weg, welcher beide Partner schneller vorankommen lässt und zu Gottes Nähe führt und dadurch Platz für echte partnerschaftliche Harmonie schafft, ist das Arbeiten an den eigenen Zwillingseigenschaften. Getrennt voneinander arbeitet man am Auflösen des Egos. Man erkennt seine Anteile, sei es auf der zu starken oder der zu schwachen Seite. Hierzu ein Beispiel, welches einer unserer Schülerinnen widerfahren ist:

*Als wir unsere neue Schülerin kennenlernten, war diese sehr in den schwachen Polen der Zwillingseigenschaften verhaftet. Sie demütigte sich, war unterwürfig, versuchte es allen recht zu machen, war lieblos sich selbst gegenüber, verschwieg viel, um nicht aufzufallen, und hatte keinerlei Selbstvertrauen. Ihr Mann war sehr in den starken Polen verhaftet. Die Beziehung war dementsprechend. Sie wurde gedemütigt und war unfähig, Konflikte auszutragen. Sie war von Ängsten geplagt. Im Jahr darauf begann sie, intensiv an sich selbst zu arbeiten. Sie löste nach und nach ihre Themen auf und begab sich in ihre Stärke. Nach einiger Zeit beschloss sie, sich nicht länger demütigen zu lassen. All die finanziellen Sorgen und Gründe, warum sie immer handlungsunfähig gewesen war, warf sie über Bord und entschied sich, sich nicht scheiden, aber räumlich trennen zu wollen. Emotional hatte sie sich aber von der „Opferrolle" getrennt. Sie wurde selbstbewusst. Das Problem war nun, dass der Mann sein „Spiegelbild" verloren hatte. Sie war nicht mehr angreifbar, nicht zu beherrschen oder zu demütigen. Seine fehlgeleiteten Aggressionen richteten sich nun gegen ihn selbst. Er wurde depressiv. Aus diesem Grund beschloss er, an sich zu arbeiten. Er begab sich auf den Weg der Selbstfindung. Er erkannte und bearbeitete seine Themen. Ohne dass die Schülerin versucht hatte, ihren Mann direkt oder indirekt zu verändern, geschah es nun von ganz allein. Ihr eigener Wille, **sich selbst*** zu verändern, veränderte die Position des Mannes. Wo Unordnung war, hielt göttliche Ordnung Einzug. Es kam der Tag, an dem er ihr ein Geschenk gab – als Zeichen der Versöhnung und mit dem Hinweis, den Weg gemeinsam gehen zu wollen. Damit war ein neuer Stein für ein neues Haus gelegt, welches ein besseres Fundament haben sollte.

Wir lernen also:
- Jede Beziehung, die vom Herzen her eingegangen wurde, bietet ein *perfektes Umfeld*, um an den *eigenen Themen* zu arbeiten.
- Mein *Partner ist mein Lehrer* und umgekehrt. Er zeigt mir meine unbewussten Themen auf.
- Das *Auflösen von eigenen Ego-Themen* bedingt eine *Veränderung beim Partner*. Ob dieser von meiner Selbsterkenntnis weiß oder nicht, spielt dabei keine Rolle.
- Das Arbeiten an den eigenen Themen lässt *göttliche Ordnung* Einzug halten, macht glücklich, macht frei.

Liebe oder Extrembeziehung

Viele Menschen leben Extrembeziehungen – also Beziehungen, in denen man alle emotionalen Extreme durchlebt. Solche Beziehungen können Himmel und Hölle gleichzeitig widerspiegeln. Dieser Umstand bedingt, dass die Teilnehmer das „Himmel-Gefühl" mit „großer Liebe" verwechseln. Dies ist es aber nicht. Liebe beinhaltet Ruhe, Vertrauen, Zartheit und Hingabe. Extrembeziehungen beinhalten „Leidenschaft" – also das, was Leiden schafft. Diese Beziehungen entstehen durch stark ausgeprägte Ego-Themen entgegengesetzter Polaritäten. Das Auf und Ab und die starken Gefühlsschwankungen werden aber als „Liebe" interpretiert. Solche Beziehungen sind nicht *gegenseitig aufbauend*, sondern konsumierend, süchtig machend. Sie befreien die Seele nicht, sondern schaffen falsche Bindungen. Eventuell führen sie zur Zerstörung der einzelnen Beteiligten oder zur Selbstaufgabe. Damit solche Beziehungen tatsächlich eine Zukunft haben, ist rasches Umdenken erforderlich. Sollten Sie in einer solchen Beziehung leben, werden Sie sich bewusst, dass Sie sich schnellstens ändern müssen. Nicht der Partner – sondern Sie selbst! Werden Sie sich Ihres Lernthemas bewusst und arbeiten Sie daran. Benutzen Sie hierfür die Zwillingseigenschaften.

Beziehungen und falsche Glaubenssätze

Lesen Sie sich die folgenden Sätze genau durch und reflektieren Sie, ob diese auf Sie zutreffen:

- Wenn mein Partner nur etwas verändern würde, ginge es uns in der Beziehung besser.
- Ich bin harmoniebedürftig und friedfertig. Wenn mein Partner nur nicht so aggressiv wäre, wäre alles gut.
- Ich weiß, was für meinen Partner gut wäre.
- Mein Partner ist so schwach, ich muss alles regeln.
- Mein Partner beachtet meine Bedürfnisse überhaupt nicht.
- Ich opfere mich für meinen Partner auf, dieser tut aber nichts dergleichen.
- Ich bin eifersüchtig. Wenn mein Partner sein Verhalten mir zuliebe verändern würde, ginge es mir besser.

Alle diese Sätze haben eines gemeinsam: Sie richten den Fokus auf den Partner. Jeder dieser Sätze spiegelt wider, dass ich nicht bereit bin, mich aus meiner „Extremposition" wegzubewegen – sondern der Partner soll mehr so werden wie ich selbst. Damit werte ich, *nehme mein eigenes Verhalten als Maß aller Dinge*. Veranschaulichen Sie sich Folgendes:

Brutalität und Gewalt – Opferdasein

Was ist schlimmer? Die rechte oder die linke Seite? Möglicherweise fühlen Sie sich zu einer Seite mehr hingezogen, vielleicht verurteilen Sie eine dieser Seiten. Den geistigen Gesetzen zufolge sind beide Seiten gleich „schlimm". Das eine bedingt das andere. Wo ein Opfer, da ein Täter. Die Fragen, die sich also stellen, lauten:

- Wie lange akzeptiere ich meine Rolle?
- Wann gebe ich mein Problem an Gott ab?
- Wie lange versuche ich, den anderen zu ändern?
- Wann höre ich endlich auf, Fehler beim anderen zu suchen und meine eigenen zu verleugnen?

Vergessen Sie niemals, dass sich beide Partner in einer Beziehung oft an beiden Enden derselben Skala bewegen, das eine ist nicht besser als das andere. Beide Sichtweisen sind Extreme, beide Partner müssen sich bewegen und ihre Themen auflösen. Dazu reicht es, wenn ein Partner bei sich selbst beginnt. Also fangen Sie an: Übernehmen Sie die Verantwortung für die Geschehnisse, denn Sie selbst haben dazu beigetragen! Verwenden Sie die Zwillingseigenschaften, um Ihre eigenen Themen zu erkennen und daran zu arbeiten. Sehen Sie nur das Gute an Ihrem Partner und bearbeiten Sie Ihre eigenen Fehler.

Veränderung der Partnerschaft durch Visualisierung

In unserer Heilerschule haben wir oft mit Menschen zu tun, die von verschiedensten Schwierigkeiten in ihrer Beziehung berichten. Es ist möglich, bei diversen Themen die positive Veränderung der Partnerschaft zu unterstützen. Wie dies funktioniert, zeigt das folgende Beispiel:

Ein Mann beklagte sich darüber, dass seine Frau nicht „leidenschaftlich" sei. Die Sexualität verlief in einer Art, die den Mann in eine „Bittstellung" und seine Frau in eine „Ja, heute will ich/kann ich/mag ich"-Situation brachte. Dieses Muster war fest eingefahren, und der Mann wünschte sich, dass seine Frau von sich aus die Initiative ergreifen würde. Leider geschah dies nicht. Selbst nach Gesprächen mit ihr wurde die Situation nicht besser, nein, er empfand diese danach noch schlimmer. Irgendwann begannen die Fantasien des Mannes sich mehr und mehr auf andere Frauen zu verlagern. Während er seiner Frau treu blieb, hatte er viele Fantasien über Models, Filmstars und andere schöne Frauen. Er hatte vor der Situation mit seiner Frau resigniert. Die Sexualität in seinem Kopf war viel sinnlicher als die, die sich im realen Leben spärlich manifestierte.

Die Lösung zu diesem Problem liegt in einer positiven Visualisierung, also Vorstellung der eigenen Situation. Es gilt, alle Fantasien auf seinen Partner zu projizieren, alle sinnlichen Erfahrungen sich vorzustellen – aber eben mit *seinem eigenen* Partner. Warum dies funktioniert, ist einfach erklärt. Der eigene schöpferische Geist kann dann wirken. Die eigene Aura verändert sich, der Partner empfängt diese Information und Veränderung geschieht.

Der Mann hatte von der Kraft der Visualisierung und der sich dadurch verändernden Realität gehört. Er begann, seine Fantasien, die er bei der Selbstbefriedigung hatte, nicht mehr auf Fantasiefrauen, sondern auf seine Frau zu projizieren. Am Anfang fiel ihm dies recht schwer, da er sich nicht einmal vorstellen konnte, diese Fantasien mit seiner Frau zu erleben. Er hörte auf, die versteckten Magazine zu lesen und heimlich Bilder von anderen Frauen anzusehen, die ihn ja nur von seinem neuen Unterfangen abhielten. Er konzentrierte sich voll auf seine Frau. Und das Wunder geschah!
Die Frau, die sich – aus ihren eigenen Themen heraus – lange unbewusst verschlossen hatte, begann sich zu öffnen. Etwas tat sich, auch wenn sie es nicht definieren konnte. Neue Sinnlichkeit hielt Einzug in ihre Beziehung, die Visionen wurden zur Wirklichkeit.

Wiederum sehen wir, wie die Verbindung zu Gott durch das eigene Höhere Selbst wirken kann. Gott macht vor keinem Thema, welches einen Menschen belastet, Halt. Darauf sollten wir vertrauen. Wir müssen nur die Prinzipien verstehen, aufhören, uns mit negativen Informationen aufzutanken, die sich natürlich in der Wirklichkeit niederschlagen. Fangen Sie noch heute an, sich das schönste Bild von Ihrem Partner zu malen. Hören Sie auf schwarzzusehen: Malen Sie lieber eine bunte und schöne Zukunft – gerne auch mit einem Schuss Erotik!

Beziehungen und Karma

Sie werden jetzt vielleicht denken: Was ist mit Gottes Gerechtigkeit bei Kindern, denen Gewalt widerfährt? Mit Entführungsopfern oder Kindern, die an Leib, Seele oder Leben bedroht werden? Wieso erlebt so junges Leben schon so starke Themen? Was gibt es hier zu lernen? Wie soll ein Kind aus seiner Opferrolle kommen?

Sehr oft handelt es sich in diesen Fällen um alte Bindungen karmischer Natur. Wir haben die Wiedergeburt in diesem Buch schon behandelt, doch hier gilt es, diesen Aspekt näher zu betrachten:

Ja, es gibt diese Fälle. Die Seele hat sich genau dieses Umfeld ausgesucht, um dort lernen zu können. Es gibt einerseits Kinder, die ihr Schicksal wahrlich als Opfer tragen, andererseits aber auch Kinder, die in diesen Situationen selbst stärker werden. Sehr oft kristallisiert sich der Weg aber erst nachher heraus und der tiefe Sinn der Situation wird viel später klar. Manchmal offenbart sich der Sinn erst in der nächsten Inkarnation. Was jedoch in dieser schwierigen Zeit hilft, ist die absolute Hingabe an Gott, um Stärke zum Handeln zu erhalten. Dann werden auch Wunder möglich. Ein sehr schönes Gebet von Catherine Ponder sei hier angeführt:

„Ich vergebe alles und jedem und trage nichts nach, was mir je widerfahren ist oder heute widerfährt. Es gibt nichts, das ich nicht vergeben würde. Gott ist Liebe und durch Got-

tes Liebe allein wird mir Vergebung und Führung zuteil. Gottes Liebe lenkt mein Leben mit all seinen Problemen in neue Bahnen. In dieser Gewissheit lebe ich in Frieden." [16]

Diese Grundeinstellung hilft, in diesen schwierigen Situationen die Verbindung mit Gott zu stärken, um die Kraft zu entwickeln, sich zu wehren. Wenn Sie in Ihrer Familie Zeuge von körperlicher oder seelischer Gewalt sind, handeln Sie! Sehen Sie nicht zu! *Wahrheit und Rechtschaffenheit* fordern Sie auf zu handeln. Wenn Sie dazu tendieren, nicht zu handeln, hat dies mit Ängsten zu tun – *Ihren* Ängsten. Wir erleben die falsch verstandene Zwillingseigenschaft „Vorsicht", die zur „Feigheit" geworden ist. Es gilt dann, „Mut" zu integrieren. Verschließen Sie nicht Ihre Augen. Seien Sie also mutig und helfen Sie. Sehen Sie nicht tatenlos zu.

Jedes Handeln sollte vorher von einem Gebet begleitet werden, bitten Sie Ihr Höheres Selbst um Führung. Rufen Sie den Erzengel Michael an, denn seine Qualität ist der Schutz und das Trennen von falschen Bindungen. Er ist ein sehr kraftvoller Engel, der jedem, der in Rechtschaffenheit um Hilfe bittet, beisteht. Bitten Sie um Kraft, Schutz und seine Führung. Dann handeln Sie. Fürchten Sie sich nicht vor Veränderungen, vertrauen Sie auf Gott und seine Führung.

Beziehungen und der Aufbau von Bändern

Eine Beziehung sollte immer befreiend sein und niemals einengend. Gleich vorweg: Nein, hier handelt es sich nicht um einen Freibrief zur Untreue. Ganz im Gegenteil.

Wenn zwei Menschen eine Beziehung eingehen, werden unsichtbare Bänder aufgebaut. Im Idealfall sind es sieben Bänder, die zwei Menschen miteinander verbinden. Hierbei handelt es sich um Verbindungslinien zwischen den sieben Chakren bei-

---

16 Catherine Ponder: *Die Dynamischen Gesetze der Heilung*. Goldmann Arkana Verlag. München 2007, S. 84.

der Menschen. Folgende positive Bänder können Menschen verbinden:

1. **Thema Kraft:** Beide Menschen stehen gut geerdet mit beiden Füßen im Leben. Beide Partner verkörpern Vitalität und Gesundheit (erstes Chakra = Wurzelchakra).
2. **Thema Sexualität:** Zur Beziehung gehört gelebte und erfüllende Sexualität (zweites Chakra = Sakralchakra).
3. **Thema Emotion:** Beide Menschen teilen ein gutes Bauchgefühl füreinander. Emotionen dürfen offen gelebt werden, man urteilt nicht über den Partner (drittes Chakra = Solarplexus).
4. **Thema Liebe:** Die Beziehung ist getragen von tiefer, reifer Liebe füreinander (viertes Chakra = Herzchakra).
5. **Thema Kommunikation und Vertrauen:** Gutes Miteinander-sprechen-Können und das Vertrauen auf das Gute im Universum werden von beiden Partnern geteilt (fünftes Chakra = Kehlkopfchakra).
6. **Thema Visionen:** Ähnliche Visionen, die Zukunft betreffend, werden geteilt (sechstes Chakra = Stirnchakra/drittes Auge).
7. **Thema Spiritualität:** In der Beziehung wird Spiritualität gelebt, eine so genannte Glaubenseinigkeit, die nach Wahrheit strebt. Man teilt die Suche nach dem Schönen, Glorreichen und Göttlichen (siebentes Chakra = Kronenchakra).

In unserer heutigen Welt ist das Wissen um die Bänder und deren Wirkung weitgehend verloren gegangen. Meist werden in einer Beziehung nicht mehr alle Bänder aufgebaut, oft sogar nur wenige. Es fehlt das Wissen um die Notwendigkeit, an diesen Bändern zu arbeiten. Daraus entsteht in der Beziehung ein Mangel, der manchmal mittels Seitensprüngen kompensiert wird. Der Partner, der im Außen Kompensation sucht, ersetzt dann fehlende Bänder im Außen, statt in der Beziehung an den eigenen Themen zu arbeiten. Ein Seitensprung ist immer ein Hinweis auf einen Mangel innerhalb der Beziehung. Wenn ein Seitensprung ans Tageslicht kommt, kommt es zu einer gewaltigen Zerstörung von Bändern durch den damit einhergehenden

Vertrauensverlust. Einige Bänder werden getrennt und es fällt dem verletzten Partner schwer, diese Bänder wieder aufzubauen. Dieser massive Vertrauensbruch erfordert zur Heilung lange liebevolle Arbeit, Hinwendung und vor allem Veränderung von beiden Partnern – wenn die Beziehung gerettet werden soll. Beide Partner müssen an den Zwillingseigenschaften arbeiten, um zu erkennen, wo ihre eigenen Themen liegen und welche Bänder dadurch nicht aufgebaut werden konnten. Ein Prozess des *Erkennens und Vergebens* ist notwendig, damit eine derartige Beziehung nicht nur funktioniert, sondern wieder liebevoll geführt werden kann. Versucht man eine solche Beziehung zu retten, um in das Alte, Gewohnte zurückzukehren, ist dies nur ein Verschließen der Augen vor der Realität aus Angst vor Veränderungen. Doch genau diese Angst muss bearbeitet werden, damit sie sich später nicht unbewusst durch den eigenen schöpferischen Geist nochmals manifestiert. Im Folgenden finden Sie wichtige Voraussetzungen, um eine verwundete Beziehung zu retten:

- Beide Partner *wollen* die Rettung aus einem *Gefühl der Liebe* heraus, nicht aber aufgrund von Abhängigkeiten.
- Beide Partner sind bereit, an sich zu *arbeiten*.
- Beide Partner sind bereit, sich zu *verändern*.
- Beide Partner *öffnen* sich und *kommunizieren* ehrlich.
- Beide Partner sind bereit, die *Verantwortung* für ihren Teil zu übernehmen.
- Beide Partner sind bereit zu *vergeben*.

Diese Voraussetzungen sind erforderlich, um eine Beziehung neu zu leben, um wieder zu vertrauen und ehrlich und respektvoll miteinander umgehen zu können. Weniger reicht nicht, denn weniger wäre nur ein Weg zurück in alte Muster, die das Ego so sehr zu erhalten versucht.

Der Unterschied zwischen Mann und Frau auf energetischer Ebene

Das Erarbeiten der Zwillingseigenschaften ist geschlechterunabhängig. Trotz alledem verfügen Mann und Frau über unterschiedliche Energiequalitäten, die sich wiederum vollkommen ergänzen. Diese Matrix des Mann- oder Frauseins wird schon kurz nach der Geburt durch unsere Eltern geprägt, die unsere Vor-„Bilder" sind. Wir übernehmen als Kinder die Haupteigenschaften eben in der Art, wie wir sie vorgelebt bekommen.

Im Idealfall sieht die Energie eines Mannes wie folgt aus:
- Er strahlt *Stärke* aus.
- Er ist *selbstsicher*.
- Er hat die *positive männliche Aggressivität* integriert, ist dadurch konfliktfähig.
- Er ist bereit, *Grenzen* zu setzen.
- Er hat die Eigenschaft des *„Mutes"* voll integriert.
- Er bietet seiner Familie *Sicherheit und Geborgenheit* in allen Lebenslagen.

Die weibliche Energie hat folgende Grundzüge:
- Sie ist *weich* und *sanft*.
- Sie hat die *positive weibliche Zartheit* integriert, wird dadurch zur Aphrodite.
- Sich kann *sich fallen lassen*.
- Sie ist in der Lage, *sich ihrer Familie, ihrem Mann und ihrer Lebensaufgabe hingeben* zu können.

Allein beim Lesen wird Ihnen auffallen, dass Sie mit gewissen Eigenschaften in Resonanz treten werden. Frauen zum Beispiel, die im Arbeitsalltag „ihren Mann stehen müssen", werden es schwierig finden, sich fallen zu lassen oder Sanftheit zu entwickeln. Bedenken Sie, dass die heutige Zeit es immer schwieriger macht, die Weiblichkeit oder Männlichkeit zu erfahren. Für Männer, die ihren Ursprung und ihre Urkraft verloren haben, wurden sogar Namen erfunden: Wir nennen diese metrosexuell usw. All dies führt nun aber dazu, dass es zu einem energetischen Rollentausch kommt, Frauen werden entgegen ihrer energetischen Natur zu Männern, Männer werden zu Frauen. Solche Beziehungen führen zwangsläufig zu Reibungspunkten. Für alle, die dies im Konflikt mit der Emanzipation sehen, sei nur gesagt, dass dem nicht so ist. Ganz im Gegenteil. Eine Frau, die in ihrer Energie steht, wird von den Männern vergöttert. Sie wird in keiner Weise zurückgesetzt oder verächtlich behandelt. Jede in ihrer Energie stehende *Frau*, die in ihr Innerstes fühlt, wird spüren, dass es schön wäre, jemanden zu haben, bei dem sie sich fallen lassen kann. Jeder in seiner Energie stehende *Mann*, der ehrlich zu sich ist, wird spüren, dass er für jemanden da sein will, umsorgen will. Was uns Menschen von diesen Urgefühlen trennt, sind wiederum unsere Ängste, welche auf der Ebene des Egos entstehen und sich somit in den Zwillingseigenschaften widerspiegeln. Hierzu ein Beispiel zur Ursachen- und Wirkungskette:

Ein Mann wurde als Kind von seinem Vater geschlagen. Er konnte mit dieser offensichtlichen Lieblosigkeit sehr schlecht umgehen. Im Jugendlichen- und Erwachsenenalter wurde er immer wieder mit seiner eigenen starken Aggression konfrontiert, hasste diese aber, weil er erfahren hatte, was sie anrichten kann. Dieser Mann wurde durch seine Selbstkontrolle zu einem sehr liebevollen Vater. Er hätte sein Kind niemals geschlagen, da er Aggression bewusst als etwas Schlechtes erlebt hatte. Sein Kind wuchs nun heran. Unbewusst spürte das Kind aber die Botschaft des Vaters: „Aggression ist schlecht." Dieses Kind wurde dann erwachsen, hatte aber nie gelernt, mit Aggression umzugehen. Dies war auch der Grund, warum der junge Mann sehr stark auf Ungerechtigkeit in seinem Umfeld reagierte. Er spürte bei sich starke Resonanzen, wenn er mit dem Thema Aggression konfrontiert wurde. Bald plagten den Sohn Ängste; er war sehr harmoniebedürftig und scheute Konflikte. Er war der Inbegriff eines sehr friedfertigen Mannes geworden. Schließlich lernte er eines Tages eine Frau kennen. Sie war eine äußerst starke Frau, die wusste, was sie wollte. Aus ihrer eigenen Erfahrung heraus war sie konfliktfreudig, wollte mit ihrem Partner streiten, doch dieser erklärte ihr nur, dass sie ein Aggressionsproblem hätte. Mit der Zeit lotete sie ihre Grenzen immer weiter aus, doch der Mann reagierte immer gleich: ruhig und gelassen – keine Reaktion. Dann und wann weinte er vor seiner Freundin, doch nichts konnte diese besänftigen. Eines Tages fand die Frau einen Brief: Er hatte sie verlassen. Sie verstand die Welt nicht mehr. Gestern hatten sie noch gemeinsam Kaffee getrunken, heute war er weg. War sie denn wirklich so schlimm?

Dieses Beispiel zeigt, warum der Sohn nicht alle männlichen Eigenschaften integrieren konnte. Durch seinen Vater, der negative Aggressivität in der Kindheit erfahren hatte, lernte er nur, dass Aggression generell etwas Schlechtes sei. Tatsächlich ist aber die eigene *positive* Aggressivität eine Quelle der Stärke und Sicherheit. Der Sohn hat diese männliche Qualität nie erlernt und wurde daher zu einem „Softie". Im Grunde war er aber konfliktunfähig und hatte das Thema „Sich nicht stellen wollen" nicht aufgelöst. Seine Partnerin war da ganz anders. Durch ihre eigene Geschichte hatte sie viele männliche Anteile und nur wenige weibliche verinnerlicht. Das ist auch der Grund, warum genau diese beiden Menschen als Paar perfekt zusammenpassten. Der Mann erkannte in dieser Beziehung aber nicht das eigene Lernthema. Seine eigene ungelebte Aggression staute sich über die Zeit auf, um sich dann explosionsartig zu entladen. Er stahl sich aus der Beziehung und hinterließ nur einen Brief. Die Frau konnte aber nie einen Konflikt mit ihm austragen und verstand seine vermeintliche „Überreaktion" nicht. Dieses Beispiel zeigt, wie viele Paare mit starken Themen ihre Beziehung leben, sich dessen aber gar nicht bewusst sind. Beziehungen werden schnell beendet, um das Lernthema durch eine Kopie davon zu ersetzen. Das gleiche Lernthema kommt damit wieder zum Vorschein. Blättern Sie daher wieder ein paar Seiten zurück und lesen die männlichen und weiblichen Eigenschaften noch einmal durch. Fragen Sie sich: Was habe ich davon integriert, womit stehe ich in Resonanz? Seien Sie ehrlich zu sich selbst, sprechen Sie mit Ihrem Partner darüber. Dies ist wichtig für eine erfüllte Partnerschaft.

Richtlinien für eine gute Partnerschaft

Es gibt einige Grundgesetze, deren Einhaltung eine Partnerschaft wesentlich verbessern kann. Einige dieser Regeln werden Ihnen am Anfang sonderbar oder schwer erreichbar scheinen. Tatsächlich dienen sie aber dazu, Sie zu befreien.

Regeln für das Mannsein:
1. Ich bin stark. Ich bin bereit, für meine Familie und all ihre Mitglieder einzustehen.
2. Ich sichere mich nicht vor meiner Frau ab. Ich sichere meine Familie ab; ich lerne, alles zu teilen.
3. Ich schaffe ein Umfeld der Ruhe und Sicherheit für meine Familie. Alles, was ich besitze, ist Besitz der Familie. Ich lasse meine Ängste los.
4. Meine Frau ist meine Göttin, meine Prinzessin. Ich verehre sie, liebe sie – in guten wie in schlechten Tagen.
5. Ich halte meiner Frau die Treue, wie ich ihr diese versprochen habe.
6. Ich habe eine Mutter – sie ist meine Mutter. Meine Frau ist meine Frau.
7. Meine Frau verdient nicht weniger als ein Kompliment am Tag.
8. Ich lerne, nur das Gute an meiner Frau zu sehen und an meinen eigenen Fehlern zu arbeiten.
9. Jede Träne, die meine Frau auf Grund von Schmerz in der Beziehung weint, belastet unser Haus. Ich werde alles tun, um dies zu vermeiden. Jede Träne stammt aus ihrem Herzblut. Dies ist mir nun bewusst.
10. Ich suche mit Erzengel Michael als meinen starken Begleiter den Christus in mir. Ich nehme meine Stärke, meinen Mut und die damit verbundene Verantwortung an. Danke, Gott.
11. Ich höre meiner weisen Frau zu. Sie sieht mehr als ich.
12. Ich bin bereit, mich Konflikten zu stellen; ich werde respektvoll mit meiner Frau kommunizieren, ohne meine Stärke dabei negativ einzusetzen.

Regeln für das Frausein:
1. Ich verkörpere die Aphrodite, die Mutter Maria, Magdalena, sie alle waren starke Frauen so wie ich. Erzengel Chamuel[17] ist jetzt mein Begleiter. Seine Energie ist liebevoll wärmend, sanft und kraftvoll.
2. Ich gehe meinen Weg mit erhobenem Haupt; ich bin stark, ich bin die Göttin.
3. Mein Mann ist mein Ritter, ich ehre ihn – in guten wie in schlechten Tagen.
4. Ich liebe meine Weichheit, ich erkunde meine Zartheit.
5. Ich bin der Ruhepol der Familie. In allem, was ich tue, lebe ich meine Empfindsamkeit.
6. Meine Ruhe und meine Empfindsamkeit sind meine Stärken. Ich erkenne mehr als mein Mann und helfe dadurch.
7. Mein Mann ist immer für mich da. Dadurch lerne ich loszulassen und gebe mich hin. Ich bin seine Frau.
8. Ich sehe nur das Gute an ihm und arbeite an meinen eigenen Fehlern.
9. Ich höre meinem starken Mann zu. Er kämpft für mich.
10. Ich halte meinem Mann die Treue, wie ich es ihm versprach.
11. Ich bin bereit, mich Konflikten zu stellen, ich kommuniziere respektvoll mit ihm.
12. Mein Mann verdient nicht weniger als ein Kompliment am Tag.

Gott und die Gewaltlosigkeit

Wenn die beiden Zwillingseigenschaften „Friedenswille" und „Kampfbereitschaft" integriert worden sind, wird es möglich, ein gewaltloses Leben zu führen. Es geht nicht darum, ob Sie momentan gewaltfrei leben; vielmehr ist die Frage, ob Sie in kritischen Situationen des Lebens gewaltlos bleiben würden. In

---

[17] Der Erzengel Chamuel ist auch als Haniel bekannt und steht für die Energie der Liebe, Kraft und Stärkung.

der Regel bieten sich nur sehr wenige Möglichkeiten, dies herauszufinden. Wenn aber in einem Menschen die „Kampfbereitschaft", also der Wille, eine unrechte Situation zum Positiven zu ändern, da ist, gleichzeitig aber der absolute „Friedenswille" integriert worden ist, entsteht das Gefühl der Liebe und Sicherheit in einem selbst. In diesem Gefühl der Reinheit ist es möglich, gewaltlos zu leben. Selbst in kritischen Situationen des Lebens, in denen man in starke Bedrängnis gerät, reicht dann die eigene Ausstrahlung, um Konflikte zu entschärfen, ohne Gewalt anwenden zu müssen. Viele fernöstliche Kampfsportarten zielen genau darauf ab: Im Grunde wird die Person gleichzeitig in einen neuen Bewusstseinszustand versetzt, der es ihr erlaubt, gewaltlos zu bleiben. Die Kunst der Gegenwehr wäre da, doch ist dies nicht mehr notwendig.

Gewalt entsteht primär durch *tiefe innere Ängste*, niemals *aus echter Stärke und Reife*. Im Grunde ist das Bedürfnis, Waffen zu besitzen, ein Ausdruck tiefer Angst, die es „notwendig" macht, sich zu verteidigen. Gottes Wille ist, dass wir uns genau mit dieser Angst konfrontieren und nicht die Angst durch ein falsches Gefühl der Sicherheit kompensieren. Waffenbesitz hat viel Leid verursacht. Wenn wir anstelle aller Waffen der Welt Nahrungsmittel und Infrastruktur geschaffen hätten, gäbe es keinen Hunger mehr. Die Wandlung des Menschen beginnt aber bei sich selbst, im eigenen Haus. Lösen Sie Ihre Ängste auf! Sehen Sie kritisch auf sich selbst! Arbeiten Sie an Ihren geistigen Fähigkeiten und vertrauen Sie sich Gott an! Wer, glauben Sie, wird Sie besser verteidigen? Ihre Waffe oder Gott? Hier kristallisiert sich der wahre Glaube heraus. Werden Sie gewaltlos, folgen Sie Gottes Ruf! Ohne Ihre Angst ist die Waffe nutzlos. Das Geld verwenden Sie für eine gute Tat. Sie werden frei!

Gott und die Liebe

Ja, Gott ist die *allumfassende, bedingungslose, gleich-gültige Liebe*. Gott ist die am höchsten schwingende Kraft, die existiert, die alles möglich macht und Leben schafft. „Gleich-gültig" bedeutet: Die Liebe ist nicht wertend und für alles und jeden gleichermaßen gültig. Diese Energie im eigenen Leben zu verkörpern, ist das Ziel des Einweihungsweges. Mit der Auflösung der Ego-Themen, mit dem Rückgang der Ego-Energie werden die damit verknüpften Emotionen durch genau diese allumfassende Liebe ersetzt.

Auf dem Weg zu seiner Erleuchtung wird der Mensch immer liebesfähiger. Gleich-gültige Liebe bewirkt, dass der Mensch in die Lage versetzt wird, für alles und jeden Liebe zu empfinden, überall die Schönheit der Schöpfung zu sehen. Es ist ein befreiender Weg, der von Glückseligkeit getragen ist. Dieser hohe Bewusstseinszustand erfordert aber, dass vorher die Nervenzentren des Menschen überhaupt in der Lage sind, diese hoch schwingende Energie zu kanalisieren. Ein schlafender, also noch nicht eingeweihter Mensch, könnte diese Kraft niemals kanalisieren. Das wunderbare Geschenk auf diesem Weg ist aber, dass man die Früchte der Arbeit schon sehr früh erkennt. Wenn man einmal begonnen hat, einen Schritt auf Gott zuzugehen, kommt dieser zehn Schritte entgegen. Man erkennt schon früh den positiven Wandel im eigenen Leben; Dinge „passieren" einem jetzt nicht mehr – vielmehr hält Positives Einzug. In weiterer Folge manifestiert sich die göttliche Liebe durch Wunscherfüllung: Die eigenen Wünsche und Visualisierungen werden durch die erhöhte Leitfähigkeit des eigenen Nervensystems zur Wahrheit. Man wird zum Schöpfer seiner eigenen Realität und erhebt sich über die Schwelle des passiven Widerfahrens.

Getragen ist dieser Weg jedoch immer von der bedingungslosen Liebe, der Freude und dem Glücksempfinden. Der Verstand lässt los, gibt sich hin. Es ist nicht mehr notwendig, Dinge zu organisieren, zu managen, sich zu sorgen. Probleme lösen sich von selbst oder treten nicht mehr auf. Warum? Nun ist es für das Unterbewusstsein nicht mehr nötig, ein Umfeld für Resonanzen zum Lernen zu erschaffen. Nun kehrt Ruhe in Ihr Leben ein. *Es darf einem einfach nur gut gehen.* Dies ist der Garten Eden, den Gott uns immer versprochen hat, wir müssen nur den Apfel endlich loslassen und uns voller Vertrauen hingeben. Gott ist Liebe, nicht weniger als das. Es gilt, dass wir diesem hohen Ziel nachfolgen. Fangen Sie nun an!

Was haben wir erfahren?

1. Ich bin, was ich glaube – mein Leben ist, was ich glaube, dass es ist.
2. Ich habe ein Recht auf seelischen Frieden, auf Glück und Zufriedenheit – das Leben ist leicht.
3. Ich ernte, was ich säe.
4. Ich vertraue einfach – ich erhalte alles, was ich brauche.
5. Ich bin Gott so nahe, wie ich mir selbst bin.
6. Meine Gedanken und Emotionen machen mich gesund oder krank und nur ich steuere es.
7. Meine Liebe und Hingabe zu Gott heilt alles.
8. Mein eigenes, unstillbares Verlangen schafft Unfrieden. Ich lasse los.
9. Alles ist Gott, Gott ist alles; ich werde mir meiner Göttlichkeit bewusst.
10. Jetzt erschaffe ich mir meine Realität.
11. Ich sehe nur das Gute in anderen und arbeite an meinen eigenen Fehlern.
12. Die Dinge, die mich am meisten bewegen, sind Reflexionen meiner selbst – ich werde heil durch Vergebung und Bejahung.
13. Ich lebe nur durch meine Eltern, meine Eltern sind immer in mir. Ich danke ihnen für mein Leben.
14. Alles, was ich jetzt loslasse, kommt zum erleichterten Herzen zurück.
15. Dankbarkeit, Zufriedenheit, Geben und Dienen erfüllen mein Leben.
16. Mein Leben ist ein Gottesdienst.
17. Bei den meisten Menschen manifestiert sich ihre eigene göttliche Schöpferkraft *unbewusst* durch Verwirklichung ihrer nicht aufgearbeiteten Emotionen wie Ängste oder Zweifel. Der erwachte Mensch jedoch ist zum Höheren Selbst ge-

worden und erschafft sich BEWUSST seine Realität. Durch seine eigene göttliche Schöpferkraft wird alles möglich, was er sich wünscht. Ich erwache!
18. Gott ist Wahrheit, die Wahrheit hält nun Einzug in mein Leben!
19. Ich öffne mein Herz für die göttliche Liebe und werde frei!
20. Ich vertraue Gottes Führung!

Das Experiment

Haben Sie sich gefragt, warum es so viele Leser von „The Secret" gibt, aber nur wenige Millionäre? Liegt es daran, dass nur wenige Menschen ihr Wissen teilen und die Wahrheit in ihrem Leben verwirklichen wollen?

Mit Hilfe dieses Buches haben Sie erfahren: Sie selbst sind es, der Ihre Realität erschaffen hat. Ihre eigene persönliche Hölle oder auch Ihren persönlichen Himmel – je nachdem, welche persönlichen Themen Sie bewegen oder an welchen der Zwillingseigenschaften Sie zu arbeiten haben. Das Prinzip der Befreiung führt Sie heraus aus dem, was Sie bisher „Realität" genannt haben. Es erlöst Sie von den Ängsten, die Sie hindern, in „Wahrheit" zu leben. Ich begrüße Sie zu dieser befreienden Reise!

„Jeder Mensch ist Schöpfer seiner eigenen Realität." Machen Sie die Probe aufs Exempel und nutzen Sie die schöpferische Kraft Gottes. Denn Gott macht vor keinem Aspekt des Lebens Halt: Glück, Gesundheit und sogar Geld gehören zum Gesetz der Fülle.

Zur Unterstreichung dieser Aussage wage ich das Unglaubliche und prognostiziere: Im Jahr 2013 wird „Befreie dich selbst!" 450.000 Mal verkauft worden sein! Ist das Ziel erreicht, fließt aus den Buch-Erlösen eine Spende von 100.000 Euro in anerkannte soziale Projekte. Damit hat sich das vorliegende Buch selbst bewiesen und die Freude des Gebens ist verwirklicht.

Literaturempfehlungen

Javad Shayvard: *Göttliche Gerechtigkeit oder Das Problem des Bösen.* Islamischer Weg e.V. Delmenhorst 1998

Maria Valtorta: *Der Gottmensch – Leben und Leiden unseres Herrn Jesus Christus.* Parvis-Verlag. Hauteville/Schweiz 2000 (12 Bände, deutsche Ausgabe)

Catherine Ponder: *Die Heilungsgeheimnisse der Jahrhunderte. Die 12 Geisteskräfte des Menschen.* Goldmann Verlag. München 1992

Rüdiger Dahlke: *Krankheit als Sprache der Seele. Be-Deutung und Chance der Krankheitsbilder.* Goldmann Verlag. München 1997

Louise L. Hay: *Gesundheit für Körper und Seele*, Ullstein Verlag. Berlin 2007

Diana Cooper, Manfred Miethe: *Ich schenke mir ein neues Leben. Sieben Schritte zu mir selbst.* Heyne Verlag. München 2007

Phyllis Krystal: *Die inneren Fesseln sprengen – Befreiung von falschen Sicherheiten.* Ullstein Verlag. Berlin 2004

Elisabeth Haich: *Einweihung.* Aquamarin Verlag. Grafing 2007

Bruce Lipton: *Intelligente Zellen. Wie Erfahrungen unsere Gene steuern.* Koha Verlag. Burgrain 2006

Susan Forward, Diane von Weltzien: *Emotionale Erpressung. Wenn andere mit Gefühlen drohen.* Goldmann Verlag. München 2000

Sharron Rose: *Der Weg der Priesterin.* Ansata Verlag. München 2003

Kontakt

Ich freue mich, von Ihnen zu hören. Sie inspirieren mich. Sie erreichen mich unter **info@befreiung.at**.

- Seite zum Buch: **www.befreiung.at**
- Diskussionsforum zum Buch:
  www.mankau-verlag.de/forum.php
- Persönliche Seite des Autors: **www.matthiasexl.org**
- Heilerschule Herzenssache: **www.herzenssache.org**
- Forum für spirituelle Menschen: **www.licht-forum.org**

Notizen

mankau
Bücher, die den Horizont erweitern

Unsere Empfehlungen:

Curt Fredriksson
Die Ermächtigung
Expedition zum Glück

ISBN 978-3-938396-05-6

„Dieses Buch fordert heraus! (...) Beachtlich!"
Heidi Schirner, Schirner Magazin

„(...) ein Buch, das seinesgleichen sucht."
Lutz Tolksdorf, NLG-Buchservice

Prof. Dr. Dirk Althaus
Zeitenwende: Die postfossile Epoche
Weiterleben auf dem Blauen Planeten

ISBN 978-3-938396-06-3

„(...) Inmitten hitzig geführter Klimadebatten liefert Dirk Althaus nachdenklich, klug und unterhaltsam wichtige Denkansätze zum ausgehenden fossilen Zeitalter und zur Zukunft der Menschheit (...)."
natur + kosmos

Peter Waldbauer
Lexikon der antisemitischen Klischees
Antijüdische Vorurteile und ihre historische Entstehung

ISBN 978-3-938396-07-0

„(...) Das ist nicht nur für junge Leser geeignet, die hier nachlesen können, was sie im Schulunterricht oft nicht erfahren. Es ist auch für den vorgebildeten Leser interessant, macht es ihn doch auf antisemitische Vorurteile aufmerksam, von deren Existenz er nicht einmal geträumt hätte." die tageszeitung (taz)

Unsere erfolgreiche Ratgeber-Reihe:

DER PSYCHOCOACH

Welchen Einfluss hat die Psyche wirklich auf Ihren Körper? Welche Macht hat Ihr Unterbewusstsein über Ihr Leben? Andreas Winter zeigt dem Leser neue, bislang oft übersehene Aspekte der Gesundheit. Inkl. Audio-CD!

Der Psychocoach 1:
Nikotinsucht – der große Irrtum
Warum Nichtrauchen so einfach sein kann!
978-3-938396-10-0

Der Psychocoach 2:
Heilen ohne Medikamente
Wie chronische Krankheiten ganz einfach wieder verschwinden!
978-3-938396-11-7

Der Psychocoach 3:
Abnehmen ist leichter als Zunehmen
978-3-938396-12-4

Der Psychocoach 4:
Liebe, Sex und Partnerschaft
Warum Erfüllung so einfach sein kann!
978-3-938396-16-2

www.mankau-verlag.de

- Diskussionsforum mit unseren Autoren und Lesern
- Kostenloser E-Rundbrief mit Buch-Verlosungen
- Titel-Informationen, Veranstaltungen, Termine